ニッポンの刑務所

外山ひとみ

講談社現代新書

2042

はじめに

刑務所遍歴二〇年と笑っていうと、「えっ！」という驚きと「やっぱり!?」という反応を同時にいただくわたし。もちろん、決して悪さをして入っていたわけではありません。

じつは刑務所取材歴がすでに二〇年になる。もっとさかのぼれば、二〇歳で処女写真集を刊行した頃に、密かに、いまは表門を残してすっかり取り壊された中野刑務所の十字舎房を撮影している。受刑者（収容者）が収容されている十文字の中央にある監視台に立つと、一階と二階の四方すみずみまでの動きが即座に見てとれた。ドキドキしながらも、なんとムダのない機能的な建築だと、知識のないわたしも感動した記憶がある。

かつて政治犯や思想犯など、著名人も入っていたこともあって、歴史あるレンガ造りのどっしりとした雰囲気のある建物だった。現像した作品は発表せずに、モノクロフィルムはどこかにしまいこんでしまって現在調査中。まさかその後に刑務所をこんなに長い間取材するとは思いもしなかった。

最初の刑務所取材は一九八九年のこと。少年刑務所の移転に伴って女子の施設として開設した岩国刑務所だった。

その際の所長は法務省大臣官房審議官、東京矯正管区長を歴任し二〇〇二年に退官された小畑輝海氏だが、彼にはずいぶんとお世話になった。今回改めて小畑氏に、刑務所という閉ざされた世界を一般社会に開かれたものにするため尽力されたことをたずねてみると、次のような興味深い答えが返ってきた。

小畑氏が矯正局の広報をはじめたのは、作業課係長時代だった。一九七六年（昭和五一）のこと。時の矯正局長・石原一彦氏の命を受けて、監獄法の改正作業をはじめるにあたって、一般社会の人にも刑務所の実際の様子を理解してもらおうと動きはじめた。マスコミを回って矯正の広報に努める。その画期的な試みが現在も毎年六月に、北の丸の科学技術館（東京都千代田区）で開催される「全国矯正展」である。

一九七八年、川越少年刑務所の建築課・職業訓練生一四名が科学技術館にやってきて、東京少年鑑別所の三人居室のモデルを造築、一般の国民に見せた。また鑑別所の食事の試食コーナーを設けたところ、これが非常に一般の興味を惹くところとなり、用意した五〇〇食があっという間に売り切れた。刑務所の真の姿を知ってもらうことで、閉ざされた刑務所をオープンに変えていきたいというのが改革派の希望だった。いつの時代にも決まりを遵守するだけではなく、革新的な人は登場し、それは引き継がれていくものだ。

それでも固く閉ざされた塀の中、当時、わたしが取材許可の承諾を得るには、人物確認などが必要で、身上書のようなものを提出した覚えがある。

取材をはじめた最初の頃は、収容者の半数が累犯(何度も重ねて罪を犯す)で暴力団関係者なども多い男子施設には、取材であれ管理の問題もあって女であるわたしは入れてもらえなかった。もっとも女子刑務官(一般的には看守のこと)とて同様で、総務や庶務などの事務方には女子職員はいたが、舎房(収容棟)の中へ入る必要がある処遇部門には女子刑務官の姿はなかった。男子施設には男子職員、女子施設には女子職員がほとんどという、管理上の棲み分けがあった。

昨今の男女共同参画時代になって、ようやく初犯などを収容するA指標の少年刑務所に、教育を担当するなどの女性法務教官が出てきた。また福島刑務所は支所として女子刑務所を併設して規模も大きいが、その男女両方を統括していたのが福地美恵子所長(二〇〇九年退官)で、それも時代のうねりのなかでのことだ。

ここに貴重な一枚の写真がある。わたしが一九八九年に栃木刑務所の育児室で、受刑者の母に抱かれた七ヵ月の乳児を撮影した写真だ(127ページ参照)。隣には優しいまなざしの刑務官がいる。現在はほとんど見られない光景だが、かつては塀の外で妊娠して入所中に出産すると、一歳になるまで刑務所の中で育てる人もいた。

無邪気にカメラを見つめる幼子の瞳が愛らしければ愛らしいほど、その母の背景にあるやりきれない女の性《さが》のような空気を感じた。当時の女子刑務所は男に騙《だま》された女という悲壮感が漂っていた。その子もすでに二〇歳になっているはずで、じつに長い時が流れた。

わたしがはじめて男子施設の取材を許可されたのは、刑務作業製品としてりっぱな神輿《みこし》を製作することで有名な富山刑務所だ。当時、贅沢《ぜいたく》なことに人間国宝の故二代目・南部白雲翁が木彫りの彫刻の指導をしていたが、その一心な白雲翁の姿が目に焼きついている。

はじめて「二名独居」という聞きなれない言葉を耳にしたのは、二〇〇一年の川越少年刑務所でのことだ。不況や治安の悪化に伴って犯罪が増加し、刑務所や拘置所に収容される人が急増し、三五年ぶりに刑務所は定員をオーバーし、収容率は全体で一〇〇%を超える過剰収容となった。このままでは「刑務所がパンクする！」と危ぶまれる時代に入っていく。

「『重刑者の収容率が一二〇%を超えると暴動が起こる』とアメリカではいわれますが、ここでもありうると危険を感ずる。運動会も十分警戒します」とは当時の横浜刑務所の総務部長。二〇〇一年の横浜刑務所での運動会は、先行きが見えない非常事態にあって、日本語の他に英語と中国語というアナウンス付で、まさに厳戒態勢の中で開催された。

塀の中の取材を重ねるうちに、受刑者と刑務官の、さまざまな問題と姿が浮かび上がって見えてくるようにもなってくる。

二〇〇六年まで適用されていた「明治の監獄法」の施行と同じ一九〇八年（明治四一）に完成した奈良少年刑務所を、「あそこはすごい！　一度行ってみるといいですよ」と勧めてくれたのは、以前に奈良少年刑務所で処遇の仕事をしていた職員だ。受刑者の生活や刑務官の仕事というソフトの部分とは別に、歴史ある荘厳で重厚な様子にイメージを膨らませて、ぜひすばらしい建築を作品として撮影してみたいとわたしは願ってきた。そして、二〇〇七年の観桜会のシーズンにタイミングを合わせて、まさしく唯一現存する「明治の五大監獄」（奈良、千葉、金沢、長崎、鹿児島）を、樹齢一〇〇年のみごとな満開の桜を交えて撮影させていただいた。現在も使用されている収容棟（舎房）の手のひらを広げたような五翼放射房と、かつての中野の十字舎房が再び頭の中でつながって、その時代背景までもが彷彿《ほうふつ》としてくる。縁とはじつに不思議なものだ。

〝刑務所は時代を映す鏡〟。「ニッポンの刑務所」は、この二〇年、時代とともに受刑者の質も環境も大きく変化しているといわれる。過剰収容、外国人の急増、少年、女子、高齢化、そして身寄りがなく行き場のない累犯受刑者の問題なども含めてだ。

約一〇〇年続いていた監獄法は、まず受刑者の処遇について改正されて二〇〇六年五月二四日に施行、続いて翌〇七年六月一日に「刑事収容施設及び被収容者等の処遇に関する法律」が施行されて全面改正が実現した。この年には初の官民協働（ＰＦＩ）の、受刑者を電子タグで集中管理するハイテク刑務所が開設されて、新たな時代に入った。

こうして、塀の内外を行き来するうちに、日本社会の問題点が浮かび上がってきた。塀の中から日本が見える……。

目次

おわりに

第1章　刑務所基礎知識

府中刑務所

横浜刑務所

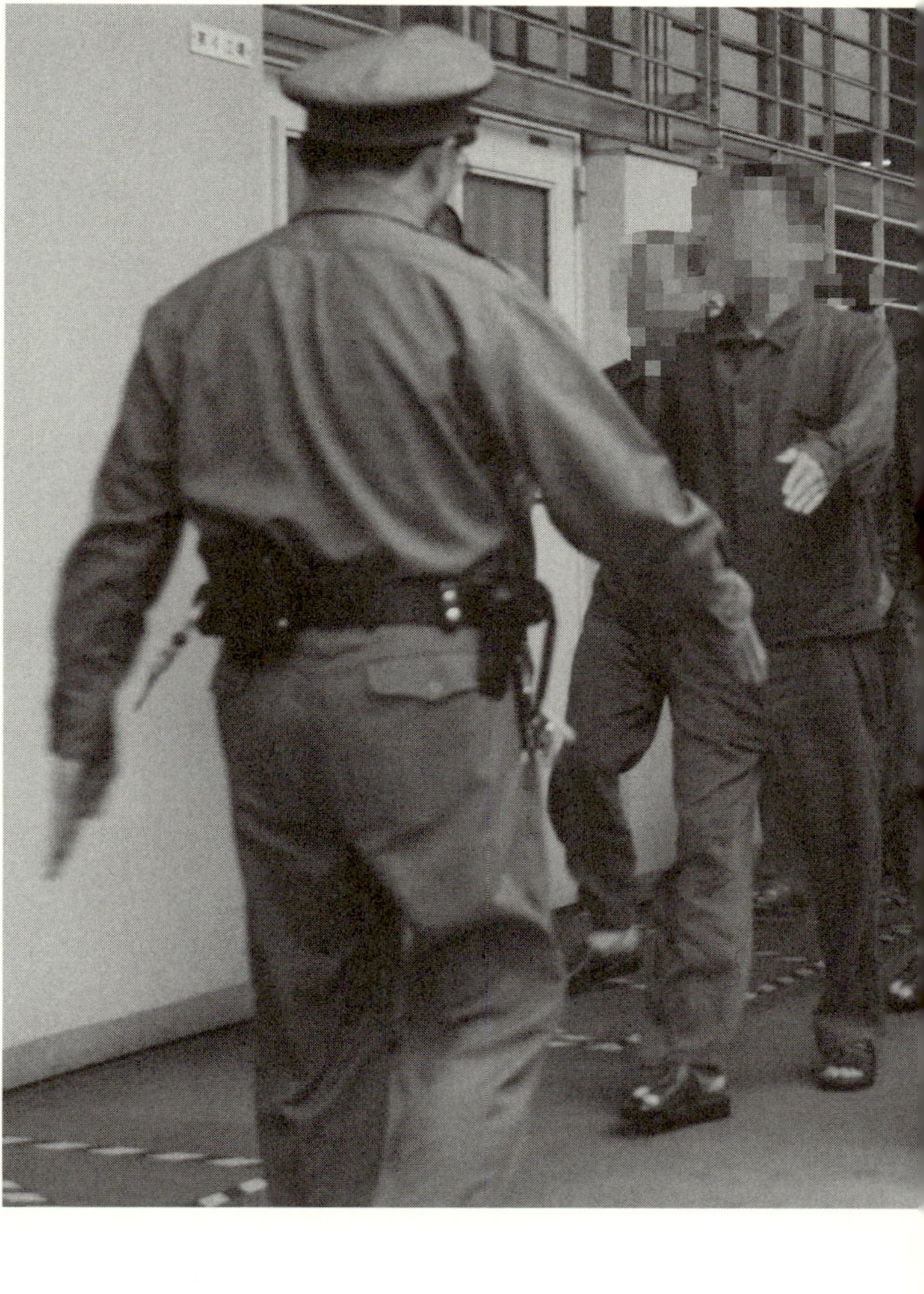

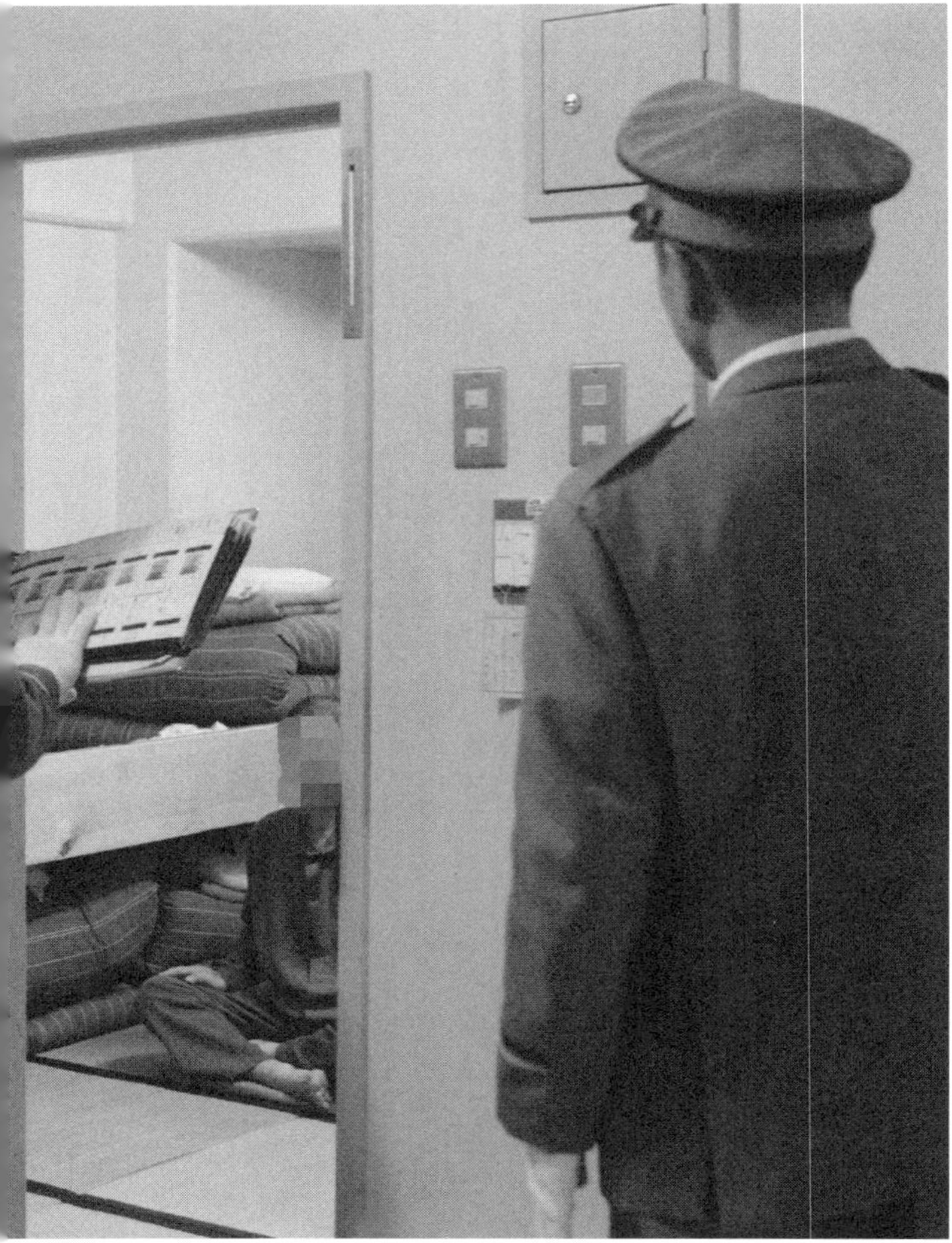

横浜刑務所

東京矯正管区技能競技大会（川越少年刑務所）

奈良少年刑務所

刑務所と刑事施設と矯正施設

まず最初に日本の刑務所の概要を説明しよう。

全国にある七七の刑務所（刑務支所含む）には現在、六万二七五六名（二〇〇九年末現在）の受刑者（被収容者）が収容されている。刑務所の中には、女子を収容する施設が八（美祢《みね》社会復帰促進センターを含む、第6章参照）、少年が七施設ある。

さらに拘置所と拘置支所を含め総称して、「刑事施設」と呼ばれる。

刑務所と少年刑務所は、受刑者を収容して改善更生・社会復帰などの処遇を行う施設であり、基本的に拘置所は刑が確定していない未決拘禁者を収容する施設である（死刑囚は拘置所に収容）。「はじめに」で触れたように、二〇〇七年六月一日に施行された「刑事収容施設及び被収容者等の処遇に関する法律」という新法によって、刑事施設は現在管理運営されている。

刑事施設とは、「一　懲役、禁錮又は拘留の刑の執行のため拘置される者、二　刑事訴訟法の規定により、逮捕された者であって、留置されるもの、三　刑事訴訟法の規定により勾留される者、四　死刑の言渡しを受けて拘置される者、五　前各号に掲げる者のほか、法令の規定により刑事施設に収容すべきこととされる者及び収容することができることされる者」を「収容し、これらの者に対し必要な処遇を行う施設とする」とある（法令：第二章　刑事施設　第三条―第一三条）。ちなみに旧監獄法のもとでは「行刑施設」（監獄）と呼ばれていたが、新法の施行により刑事施設と改称された。

旧監獄法と新法については第8章で記すが、刑事施設においては、二〇〇九年末現在で未決を含めると七万五二五〇名が収容されている（拘置支所含む）。

もっと広い意味で「矯正施設」として捉えれば、法務省所管の少年院、少年鑑別所及び婦人補導院をも含むことになる。ここに刑事施設も入るので、矯正施設全体では八万四五六名（二〇〇九年末）となる。

そのすべてを統括する法務省矯正局は、矯正施設の保安警備、分類保護、作業、教育、鑑別、医療、衛生などのほか、被収容者に対する処遇が適正に行われるように指導、監督及び、時代に沿った新しい処遇方法について調査研究を行う部局である。この矯正局は矯正施設の適切な運営を図るために、東京矯正管区を筆頭に、大阪、名古屋、広島、福岡、仙台、札幌、高松と全国を八つの矯正管区に分けて組織構成されている。

受刑者は原則的には、性別、国籍、年齢、犯罪の質と執行刑期、そして犯罪傾向の進み具合（頻度）によって分類して施設に収容される。上記の分類をまとめた次ページの処遇指標①②を組み合わせてみると、たとえばBLというのは、何度も刑務所の出入りを繰り

犯罪傾向の進度による処遇指標	
A 指標	初犯、犯罪傾向の進んでいない者
B 〃	累犯、犯罪傾向の進んでいる者（暴力団関係者含）

表1－1　処遇指標①

処遇指標とは、矯正処遇の種類及び受刑者の属性や犯罪傾向を示す指標のこと。旧監獄法では収容分類級と呼ばれた。以下、指標を省略。

属性／性別、国籍、罪名、年齢及び執行刑期などによる処遇指標	
W 指標	女子
F	日本人と異なる処遇を必要とする外国人
I	禁錮刑受刑者
J	少年院への収容を必要としない少年
J t	少年院への収容を必要とする 16 歳未満の少年
L	ロング＝執行刑期が 10 年（09 年までは 8 年）以上の者
Y	26 歳未満の成人
M	精神上の疾病又は障害を有するため、医療を主として行う刑事施設に収容する必要があると認められる者
P	身体上の疾患または障害を有するため、医療を主として行う刑事施設に収容する必要があると認められる者
T	専門的治療を必要とする者（一般の刑事施設に収容される）
S	特別な養護的措置を必要とする者（一般の刑事施設に収容される）

表1－2　処遇指標②

返し、犯罪傾向の進んだ長期受刑者のことを示し、ＡＬとは初犯で執行刑期が八年以上（長期刑の増加により二〇一〇年より一〇年以上に変更）ということで、凶悪事件を起こしたと推定される。

少年受刑者についても初犯はＡと分類されて、東は川越、西は奈良少年刑務所などへ収容される。だが、出所したものの再び二六歳未満で罪を犯すと、今度は累犯施設である松本や姫路少年刑務所などのＢ施設に収容される。もちろん悪質な殺人・生命犯など犯罪性によっては〝格上げ〟となって成人の男子刑務所に収容される場合もある。

外国人は一九九〇年代まで初犯がほとんどだったが、最近では罪を償《つぐな》って本国へ強制送還されたものの、再び密入国して罪を犯し、また刑務所へやってくるというＢＦ（外国人の累犯受刑者）も登場している（第3章で詳述）。

犯罪の質が異なる交通事犯者においては、開放刑務所とも呼ばれる、東は市原刑務所、西は加古川刑務所などに収容されることが多い。もちろん昨今の凶悪なひき逃げ事件などは、一般の刑務所に収容される。

過剰収容問題

刑事施設の年末収容人員の推移を示した表1－3（次ページ）をご覧いただきたい。過剰

西暦	1999	2001	2003	2004	2005	2006	2007	2008	2009
(平成)	11 年	13 年	15 年	16 年	17 年	18 年	19 年	20 年	21 年
収容定員	64164	64727	69694	72182	76043	79043	85214	87754	90504
収容人員	56133	65508	73734	76413	79055	81255	79809	76811	75250
収容率%	87.5	101.2	105.8	105.9	104.0	102.8	93.7	87.5	83.1

刑務所(支所)、拘置所(支所)含む

表1-3　刑事施設の年末収容人員の推移(1999年～2009年、未決を含む)

収容のはじまりは二〇〇〇年といわれている。表1-3は一九九九年以降の未決を含む刑事施設の総数だが、過剰収容はとくに既決の刑務所で深刻で、わたしの取材ノートによると、二〇〇一年からは収容率が既決の刑務所で一一〇%を超え、〇四年には一一七%まで上昇とある。ちなみにいまのところ刑事施設の収容人員のピークは〇六年で、未決を含む総数が八万一二五五名、既決が七万一四〇八名であった(〇九年末は未決を含む総数が七万五二五〇名、既決が六万七〇八三名)。その後〇七年からの官民協働・大型施設の増設などで、ようやく〇八年より既決の収容率が九七・六%と一〇〇%を下回るようになった。ちなみに〇三年末における刑務所の収容定員は、大部分の施設(当時七二施設中六四施設)が一〇〇%を超える過剰収容となっており、その中でも収容率が一二〇%を超えるものが二九施設あった。

当時の法務省は、受刑者が急増した要因を「①犯罪の凶悪化・被害者感情への配慮による刑期の長期化　②薬物関連事件の重罰化　③外国人の犯罪の増加」などとあげた。

二〇〇八年以降、全国の刑務所に収容されている受刑者が減少、男子の過剰収容は改善されつつあるが、一方で、執行刑期八年以上の長期受刑者の数が〇三年頃から増加している。一九九八年末から二〇〇八年末の一〇年間でみると、三一一三名から六五二九名と二倍以上に増大している。

その理由として法務省は、「仮釈放が認められにくくなっている、仮釈放までの期間が長くなっている」などをあげているが、第2章でも触れるように、出所しても帰る場所がなく、受け皿もない高齢受刑者の問題も大きいと分析できる。

外国人については第3章で詳しく述べるが、日本の国際化に伴って外国人が増えたことに加えて、バブル景気がはじけて不況になったことが大きな要因と考えられる。不況になると犯罪は増える。

二〇〇八年秋からはじまった「一〇〇年に一度の大不況」による犯罪の増加も今後心配される。非正規労働者の不当解雇やリストラもあって大量の失業者が出ている。すでに二〇〇八年一二月には、解雇されたブラジル人女性二人が母国への旅費を得るためと、主婦を脅して金品を奪う事件も起きた。生活の困窮や不当解雇によって新しい犯罪も発生するのだ。

また女子施設については、まだまだ過剰収容は深刻で、二〇〇九年末でも平均収容率が既決で一一四％を超えている（第4章で詳述）。

刑務所の一日

女子受刑者を収容する刑務所は、栃木、和歌山、笠松、岩国、麓《ふもと》、福島刑務支所、札幌刑務支所、美祢《みね》社会復帰促進センター（官民協働刑務所、PFI：Private Finance Initiative）の八ヵ所ある。表1－4に示した一日（作業を行う日）の生活のデータは、女子最大の施設であり歴史も長い栃木刑務所と、過剰収容の渦中の二〇〇五年に完成した日本で七番目の福島刑務支所のものだ。後者は男子施設・福島刑務所の改築に伴って誕生した女子施設であり、広域なためそれぞれの住所は異なるが隣接して施設は配置されており、男子受刑者もほぼ同様の一日である。

朝の点検については、起床後に洗顔とトイレを済ませたあとになるが、ここでは逃走者がいないかどうか人数を確認することが第一の目的で、同時に職員が受刑者一人ひとりの様子や顔色をみて、健康状態などを確認することもまた重要な目的である。

点検後に朝食をとり、次に室を出て隊列を組んで工場へ作業に向かう（出寮）。通常は工場へ入る前に更衣室があり、そこで居室衣から作業衣に着替えをする。この際には不正な物品の持ち出しや身体の異常の有無を確認するための検査が行われる。

その後工場へ入ったら、怪我がないようにまず準備運動、作業についての注意事項確認

栃木刑務所		福島刑務支所（福島刑務所も同）	
6：30	起床、洗面、点検	6：40	起床、洗面、点検
6：50	出寮	7：10	朝食・部屋
7：00	朝食・食堂		出寮
7：30	作業開始	7：50	作業開始
↓	休憩 10 分	↓	休憩 10 分（9：30−40）
12：00	昼食・食堂	12：00	昼食
12：30	作業	12：20	作業
↓	休憩 10 分	↓	休憩 10 分（14：30−40）
16：10	作業終了	16：30	作業終了
16：20	夕食・食堂	16：50	点検
16：50	点検	17：00	夕食・部屋
17：00	余暇　洗濯		余暇時間
18：30	仮就寝	18：30	仮就寝
↓		↓	余暇時間
21：00	就寝・消灯	21：00	本就寝・消灯

表1－4　刑務所の一日

などしてから作業が開始される。おおむね一六時半頃まで作業は続けられ、その間に昼食及び二〇分間の休憩時間がある。また新法にかわってからは運動が一日三〇分以上設けられている（それぞれの刑務所で多少異なる）。

また作業時間帯に面会やグループワークなどの改善指導が実施され、決められた日に入浴が行われる。作業終了後は、朝と同じようにして居室へ帰り、夕方の点検を受ける。

夕食後の余暇時間には、クラブ活動や集会活動に参加したり、通信教育や自習時間にあてたり、またテレビやラジオを視聴、読書をして過ごすことができる。書籍については施設には図書館が備えられ、貸し出しできる。就寝はＰＦＩ刑務所以外は、原則として二一時である。

基本的には、ＰＦＩ刑務所を除き、男子も女子もほぼ同じ動作時限の中で一日を過ごす。食事について男子の場合は、平日は朝と夜は居室で、昼は工場の中にある食堂で食べることがほとんどだ。

ちなみに、給与される食事については、被収容者の体質、健康、年齢、作業の就業状況などを考慮して必要な熱量が確保されている。主食の熱量は一一〇〇キロカロリーから一七〇〇キロカロリーまでの間。これは厚生労働省の国民健康・栄養調査（二〇〇五年）による一人一日平均の一般国民（二〇歳〜三九歳）エネルギー摂取量約二〇〇〇キロカロリーを満たす水準にある（第5章参照）。外国人被収容者に対しては、必要に応じて、食習慣や宗教上の事情に配慮した内容の食事が給与されている。

女子においては、母であり妻であるという母性を大切にしながら更生するという観点から、開放的処遇が望まれてきたために、栃木のように三食を大食堂でとるところも多い。過剰収容率が一番高い和歌山刑務所では朝・晩は居室で済ませ、昼のみ大食堂でとる。各施設まちまちなのは、収容者が増大していく過程で、いかに時間を効率的に使うかを基準にしてそれぞれの施設が対応しているためだ。

男子・女子、少年刑務所ともに起床時間はおおむね六時半から六時四〇分ごろで、これもそれぞれの施設の状況、朝の点検・点呼や出寮から工場までの移動時間の関係で多少異なる。刑務作業は原則的には八時間、一週間につき四〇時間とされてきたが、新法改正以降、それまでの刑務作業の他に教育が義務化され、運動、入浴回数も増えたために、実質的に作業時間は短縮となっている（第8章で詳述）。また、作業時間中に面会、各種教育、面接指導、治療なども行われている。

余暇時間は、読書や手紙、決められたテレビの鑑賞、クラブ活動、通信教育などの学習をして過ごすことができる。一八時から一八時半に仮就寝を設けている施設もあって、それ以降は布団を敷くことが可能で自由に過ごせる。福島刑務支所は施設が新しいこともあって仮就寝時に布団を個々が敷くことは可能だが、栃木は施設も古く過剰収容のため、六人の共同室（雑居）に八人が収容されている場合もあり、さらに新法では従来の二〇リットルに加えて、六〇リットル内の私物保管箱（その中に入るものであれば、規則の範囲内で自由）を自己管理できるようになったため、それが場所をとって、いっそう部屋が狭くなる。栃木では閉めると机になる木製の小机として各自に支給されているが、全員が同時に片付けをしないと布団は敷けないという状況なのだ（第4章で詳述）。

刑務作業のない免業日は土日と祝祭日、そして新法によって月に二回できた矯正指導日があり、その日の起床は七時半となる。この日は教育ビデオを見るなどの他は自習をして一日を過ごす。もちろん、受刑者が楽しみにしているハレの日の行事は、観桜会や盆踊り、そして運動会やカラオケ大会、慰問などがあるが、残念なことに観桜会や盆踊りは、つわものが多い男子刑務所では、保安上の問題もあって、「とても怖くてできない」そうだ。わたしが見た観桜会や盆踊りは女子刑務所と少年刑務所での行事だ。

官民協働刑務所の一日

二〇〇七年に開設された官民協働（ＰＦＩ）刑務所と呼ばれる美祢社会復帰促進センターの一日を、表1-5に記した。ここは当初、全国から募ったスーパーＡ（限りなく更生復帰に近い超優良受刑者）を収容する施設と話題になっていた。詳細は第6章で述べるが、受刑者が電子タグを付けてハイテク管理される開放刑務所として機能し、改善指導や職業訓練、社会復帰に力を入れて、「再犯ゼロを目指す」を掲げている。

山口県の山間にあって厳《いか》つい塀もなく、まるでシャレた社員寮や合宿所のようにも見えるPFI刑務所は、一般の刑務所とは起床や就寝、作業の時間もまったく異なっている。半開放の収容棟（舎房）は、L字型の建物の中央に多目的ホールがあって、そこで食事や学習もするなど、第7章で後述する少年院「和泉学園」に近い構造と雰囲気を持っていた。

7：00	起床
7：30	朝食・多目的ホール
8：00	出寮
	作業
12：10	昼食
12：40	作業開始
↓	
16：40	作業終了
17：10	夕食・多目的ホール
↓	
17：30	余暇・多目的ホール、居室
↓	
20：50 21：00	部屋に戻る 電子錠でロック
22：00	本就寝・消灯
※初のPFI施設 2007年開設（男女施設が併設されている）	

表1-5　官民協働刑務所、美祢社会復帰促進センターの一日（作業のある日）

美祢社会復帰促進センターでは、夕食後の余暇時間には自由に単独室（居室）を出て多目的ホールで学習している受刑者も多い。まるで刑務所とは思えない穏やかな光景だが、二一時前には全員が単独室に戻る。しばらくすると「ガシャン、ガシャン、ガシャン」と電子錠の音が誰もいない廊下に響く。まさにハイテク刑務所の就寝風景であった。

刑務所の教育・矯正指導

刑事施設においては、作業とともに矯正処遇の中心となる改善指導及び教科指導が行われる。改善指導及び教科指導は、受刑者に対して義務付けることができる。これらの指導に加えて、刑執行開始時及び釈放前の指導が行われる。改善指導、教科指導、新入時の際の指導及び釈放前の指導の四つを併せて矯正指導という。

① 改善指導

改善指導とは、受刑者に対し犯罪の責任を自覚させ、健康な心身を培わせ、社会生活に適応するのに必要な知識及び生活態度を習得させるために行う指導をいい、一般改善指導及び特別改善指導がある。

一般改善指導とは、講話、体育、行事、面接、相談助言その他の方法により、⑴被害者感情を理解させ、罪障感を養うこと、⑵規則正しい生活習慣や健全な考え方を付与し、心身の健康の増進を図ること、⑶生活設計や社会復帰への心構えを持たせ、社会適応に必要なスキルを身に付けさせること等を目的として行う指導をいう。

特別改善指導とは、薬物依存、暴力団員であるなどの事情により、改善更生及び円滑な社会復帰に支障があると認められる受刑者に対し、その事情の改善に資するよう特に配慮した指導をいう。特別改善指導には、薬物依存離脱指導、暴力団離脱指導、性犯罪再犯防止指導、被害者の視点を取り入れた教育、交通安全指導及び就労支援指導がある。

② 教科指導

教科指導とは、社会生活の基礎となる学力を欠くことにより改善更生及び円滑な社会復帰に支障があると認められる受刑者のほか、学力の向上を図ることが円滑な社会復帰に特に資すると認められる者に対し、学校教育に準ずる内容の指導を行うことをいう。

松本少年刑務所は、地元中学校の分校を設けて、全国の義務教育未修了の受刑者の中から適格者を集めて教育を行っており、二〇〇七年三月には一〇人に卒業証書が授与されている。また盛岡や松本、奈良少年刑務所では、地元県立高校の協力を得て、高校の通信制課程を受講させている。さらに二〇〇七年度からは文部科学省と連携し、高等学校卒業程度認定試験を、受刑者が外部に出向くことなく刑事施設において受験することが可能となり、受験機会の拡大が図られているという。

③ 新入時教育＝刑執行開始時の指導

刑執行開始時の新入時教育指導は、刑事施設に新たに入所した者に対して、受刑等の意義、処遇要領に定める個別の処遇目標及びその目標を達成するための方法や、刑事施設における生活上の心得等について理解させるために行う。その期間は原則として二週間である。

④ 釈放前の指導

釈放前の受刑者に対しては、原則として二週間、釈放後の社会生活において直ちに必要となる知識等について理解させるための指導を行う。講話や個別面接、その他の方法によって社会復帰後の就職や、保護観察制度またその他の更生保護に関する知識を付与する。また必要に応じて一般社会における生活にできる限り近似した日常生活を経験させ、一般社会における生活や勤労及び社会奉仕活動等を実際に経験させることもある。

少年刑務所

二〇〇八年春、「悪のゴールデンコース」とも称されB指標の累犯少年刑務所としてとりわけ有名だった水戸少年刑務所が、刑務所に昇格⁉したので、現在は全国で七ヵ所の少年刑務所がある。A施設の川越や、奈良少年刑務所の観桜会、盆踊りや運動会を見ていると、まだあどけなさを残した顔つきの受刑者たちも多く、更生して二度と塀の中に戻ってこないでほしいと、いつも願ってしまう。だが、これが再犯を繰り返し、犯罪傾向が進んだB施設の旧水戸少年刑務所になると、中学校時代から犯罪を重ねてきたせいか、恐面《こわもて》で眼光鋭い若者、少年も多い。人間は生活環境に左右されるものだと実感する瞬間だ。

現在の少年刑務所は一六歳から二六歳未満（男性）を収容する施設だ。少年法の改正もあって収容年齢が一四歳に引き下げられたが、刑が確定するまでに二、三年かかることも多く、まだ中学生が収容されたことはない。また仮に一四歳で刑が確定した場合は、一六歳になるまで少年院で少年受刑者として処遇される。

川越（現員：約一四〇〇名）も奈良少年刑務所（現員：約八〇〇名）も、ジュニア＝Jと分類される一〇代の少年たちは、全体で一〇人程度だ。したがって少年といっても二〇歳から二六歳までの受刑者がほとんどだ。そのうえで、職業訓練を実施する施設には、他施設からやってきた五〇代以上の年齢の高い受刑者が収容されていることもある。

関東にある川越少年刑務所は少年刑務所の中心施設だが、二〇〇一年には中学生が入所する場合の単独室が用意された。わたしも取材したが、まだ一四歳ということで心情や精神面を配慮して、通常は重苦しく感じる居室のドアがモスグリーンで明るく彩色されていたのが印象的だった（二〇〇九年末現在は当該居室はなくなっている）。

刑務作業

刑務作業とは、受刑者に規則正しい勤労生活を行わせることにより、その心身の健康を維持し、勤労意欲を養成し、規律ある生活態度及び共同生活における自己の役割や責任を自覚させるとともに、職業的知識及び技能を付与することにより、社会復帰を促進することを目的としている。

また受刑者に免許や資格、技能を取得させる、職業訓練も実施している。

刑務作業は施設内の工場などで実施されるが、社会性を涵養するための指導訓練を兼ねて刑事施設の外で実施する作業や、職員の付き添いなしに、受刑者を施設外の事業所に通勤させて外部事業所の業務に従事させるという外

	従事者数	割合%
① 生産作業	51,498	81.3
・製作作業	83	
・事業部作業	8,648	
・提供作業	42,767	
②職業訓練	1,449	2.3
③自営作業	10,415	16.4

表1－6　刑務作業従事者数

	従事者数	割合%
木工	2,876	5.6
印刷	1,281	2.5
洋裁	7,630	14.8
金属	7,297	14.2
皮工	1,052	2.0
農業	197	0.4
その他	31,121	60.4
構外作業	44	0.1

表1－7　生産作業の内訳

割合は生産作業人員に占める割合

1等工	2等工	3等工	4等工	5等工	6等工	7等工	8等工	9等工	10等工
43.50	34.50	27.70	22.80	18.40	16.40	12.70	10.10	7.70	6.10

表1-8　一人一時間当たりの基準額（円）

1等工	2等工	3等工	4等工	5等工	6等工	7等工	8等工	9等工	10等工
	8ヵ月	7ヵ月	6ヵ月	5ヵ月	4ヵ月	3ヵ月	2ヵ月	1ヵ月	1ヵ月

（37ヵ月）　（22ヵ月）

表1-9　標準昇等期間

部通勤作業もある。

日常にかかる衣食住の必要経費の一切は国が負担しているが、刑務作業に就業した受刑者には、作業報奨金が支給される（これは作業の督励と釈放後の更生資金として役立てることを目的とする）。

二〇〇八年度末における刑務作業の就業人員は六万三三六二名で、既決収容人員六万八四八九名に対して就業率は九二・五%である（詳細は表1-6、1-7を参照）。

刑務所作業製品はCAPIC《キャピック》と呼ばれるが、これは刑務所で製作した安くて品質の良い製品を、より広く親しめるブランドイメージに変えるために、矯正協会刑務作業協力事業の英訳（Correctional Association Prison Industry Cooperation）の頭文字をとったもの。売上げの一部を犯罪被害者支援団体の活動に助成している。ちなみに断トツの人気を誇るのは、函館少年刑務所考案・製作の獄シリーズの前掛けや巾着袋で、生産が追いつかないほどである。

刑務作業についての現行制度では、作業収入は全額国家収入となり、就業者には作業の督励として作業報奨金が与えられている。

刑務作業は見習いの一〇等工から一等工まであり、それぞれ時間当たりの基準額が異なり、「昇等」の目安が定められている（表1-8、1-9）。

刑務所用語の変遷

新法によって、刑務所の中でもずいぶんと呼び名が変わり、軟らかい印象になった。以下（　）内が旧監獄法での用語である。

共同室（雑居房）――集団で入る
単独室（独居房）――一人で入る
収容棟、居室（舎房）
出室／出寮（出房）――居室から工場へ移動すること
帰寮（還房）――工場から居室へ帰ること
収容（収監）
保護室／昼夜間単独室（保護房）――懲罰を受けた受刑者の鎮静及び保護にあてられる単独室

第2章　男子刑務所のいま（横浜刑務所）

運動会

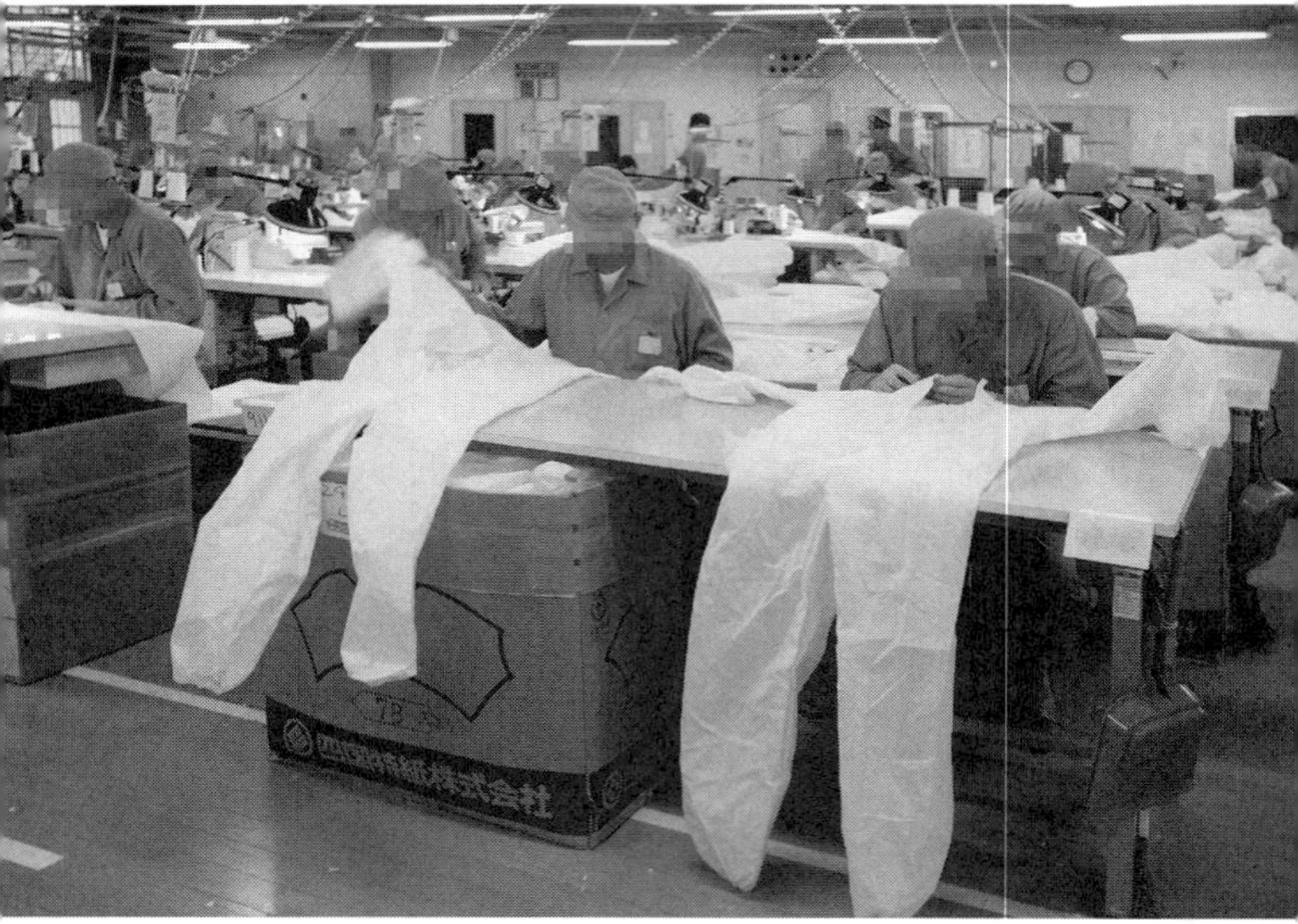

刑務作業

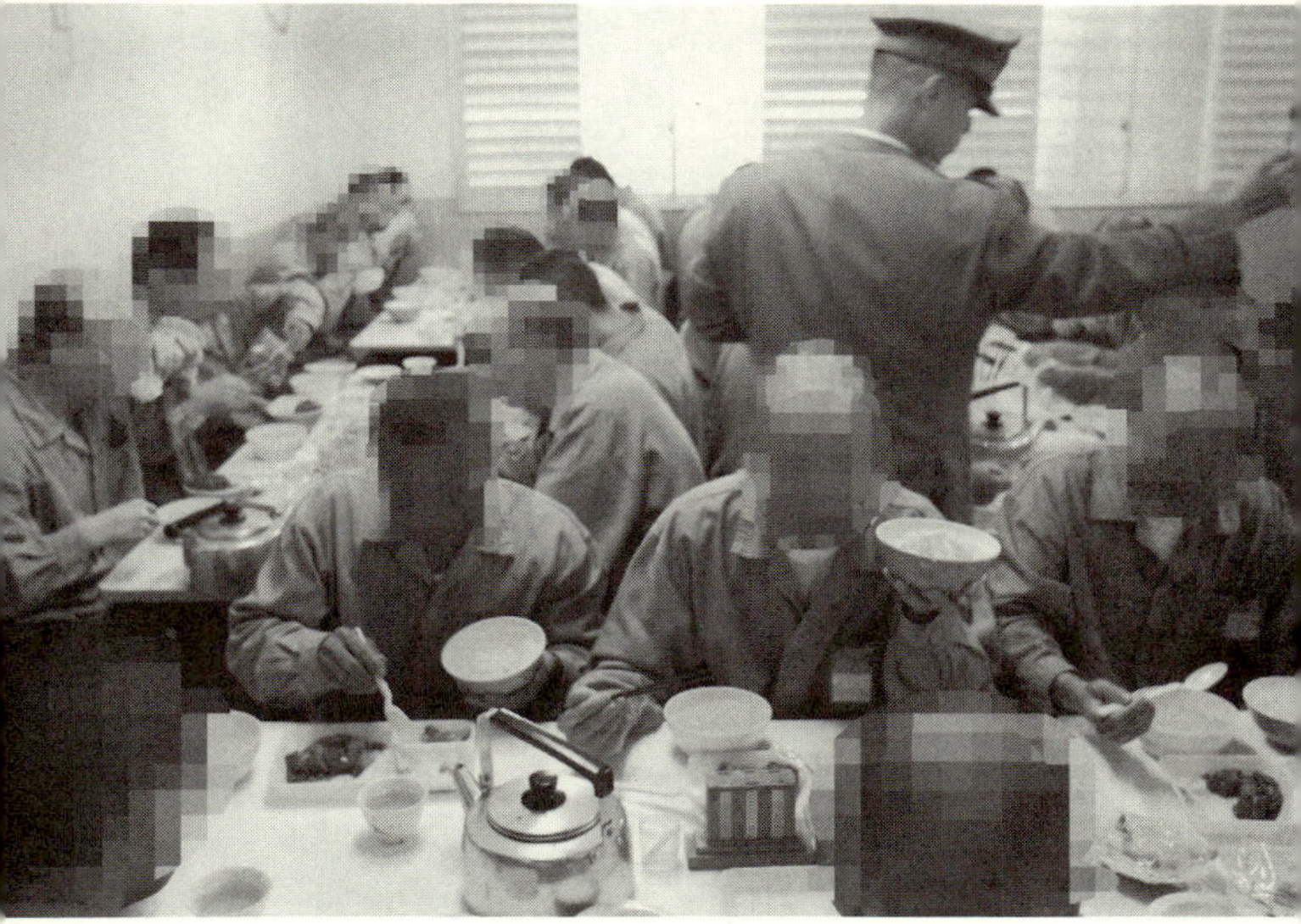
食事

刑務作業・名物のうどんづくり

6人部屋に8人

ピリピリした空気

「左、左、左右」

朝七時半、行進の大号令が横浜刑務所に響き渡る。〝オヤジさん〟（先生）と呼ばれる担当刑務官が受刑者の陣頭に立って、居室（舎房）から刑務作業の工場へ引率する。出室（出房）と呼ばれる一日のはじまりだが、やはり横浜刑務所の行進には緊張感があった。

しかし二〇〇一年に取材したときのようにピシッと伸ばした背筋に左右の腕は肩より上に振り上げ、受刑者自らも怒号のように復唱するという光景は、二〇〇八年に再取材したときにはすでになかった。

当時、「韓国の軍隊よりスゴイです！」とビビッたのは、わたしのアシスタントで兵役を二年経験した屈強な韓国人だ。だが、想定外に膨れ上がる過剰収容という大波の中で、二十四時間三百六十五日を過ごす刑務所、特に累犯施設においては、ギリギリの境界線を保持するという意味でも、規律正しい行進はあってしかるべきだと強く感じたのは事実だ。

「『暴動が起こってもおかしくない』、そんな悲鳴が担当者から漏れる。トイレ、集会所を改築した共同室（雑居房）もある。一方で、行革で職員は減っている」と二〇〇一年当時、わたしは雑誌に書いた。「怖い」と若い刑務官が感じるほどにピリピリする横浜は、暴力団関係者も多い累犯施設であり、規律ということのみでバランスが維持されていたといまも感じている。

だが、その後の人権を配慮する動きなどによって、軍隊式を思わせる統率のとれた行進は悪しきものとして排除されていたのだった。

この章ではB指標と呼ばれる（以下、指標は省略）、累犯受刑者を収容する男子刑務所を、横浜刑務所を中心にとりあげたい。ちなみに横浜刑務所は以前は執行刑期が八年（二〇一〇年より一〇年に変更）以下の累犯受刑者を受け入れる施設だったが、二〇〇九年四月以降は長期の累犯も受け入れるようになった。

開港とともに

横浜刑務所の歴史は古い。一八五三年、浦賀（現在の横須賀市）沖にペリーの黒船が来航し、その翌年日米和親条約が締結されて下田が開港した。これに伴って同年に下田地域の行政及び法執行を司《つかさど》る機関として下田奉行所を設置するのだが、同時に併設されたのが、犯罪者の収容及び刑罰執行の牢屋敷で、これがルーツとされる。

下田牢屋敷はその後、日米修好通商条約の締結によって、一八五九年に横浜が開港すると役目を終える。明治元年まであと九年という幕末の混沌とした時代だ。

牢屋敷は久良岐《くらき》郡戸太《とだ》村戸部宮（現在の横浜市西区戸部町）に移転し、神奈川奉行所の所轄となった。八室からはじまった小さな牢屋敷はその後、刑場まで設置されるに至り、一八八〇年（明治一三）の斬首刑廃止までの間に多くの者がここで処刑された。その中には攘夷を叫び外国人を殺《あや》めた勤皇浪士もいるそうだが、一八七一年（明治四）の廃藩置県によって神奈川県の邏卒《らそつ》課（警察）の所管となり、一八七八年に戸部監獄本署と改称された。

横浜の街は開港後の一ヵ月で人口三〇〇〇人、一〇年後には三万人にまで増大し、当然のことながら罪人も増加、獄舎も増築されていった。一八八〇年に未決獄を増築する頃には、敷地面積は四五九三坪、レンガ建築一〇棟を持つ大規模施設となった。

一八九九年（明治三二）、同郡根岸村に新獄舎を建設すると、一九〇三年四月の官制改正によって司法省（現・法務省）の管轄となり、「横浜監獄」と改称された。

明治から大正への移り変わりの時代でもあり、米騒動や労働争議の頻発、第一次大戦の勃発などがあって社会の混乱が続き罪人も多かったようだが、それに関する資料は少ない。一九一七年（大正六）三月に、在獄中に死亡した七百余名の合同追悼会を行ったという記録が残っていて、それはコレラや天然痘などの伝染病で没した者が多いと推定されるが、詳細はやはり不明だという（横浜刑務所著述の資料より）。

一九二三年（大正一二）九月一日の関東大震災においては、ほとんどすべての施設が壊滅的な被害を受けた。時の椎名通蔵所長は非常事態の中で、一一〇〇名あまりの受刑者に対して刑務所の〝解放〟を行ったが、なんとその七割が一週間以内に自発的に横浜監獄に戻ってきた。さすが日本人、他国ではとうていありえないことと驚いたそうだが、これは横浜刑務所の中で語り継がれている話の一つでもある。現代では疑問だが、当時の日本人気質を表している出来事だ。

その後は復興にかかわる人員を残して受刑者を名古屋監獄に移送する。そして翌二四年一二月、震災後の横浜市復興計画に基づいて現在の所在地（港南区）に定められた。

いまでこそ高台に家々が立ち並ぶ新興住宅街になっているが、当時は山野と田園地帯が続く広大な敷地は一三万二〇〇〇平方メートル。総工費は一六八万円、約一〇年の歳月を費やし延べ七七万五二〇〇名の受刑者がレンガを焼き漆喰《しっくい》を塗り、すべてを仕上げていった。約一〇〇〇名を収容する獄舎は、一九三六年（昭和一一）に完成した。当時の監獄は一般的に重く厳しい雰囲気であったが、資料で見る完成した横浜監獄の近代的な外観には、なるほど高等女学校かと見まごう人もいたという話もうなずける。

当時の椎名所長が司法大臣に上申した文中より、地域の村民たちが大震災後の復興と発展を横浜刑務所に大いに期待していたことが想像できる。

「役場当局ハ村会議ヲ初メ村内有力者ノ殆ド全部ハ同村ニ移転ヲ希望シ居ル模様ナリ」

刑務所にはその時代の顔がある

太平洋戦争も終結し、昭和三〇年代から四〇年代における日本の高度成長によって人口は膨れ上がり、静かだった横浜刑務所の周囲でも開発がどんどん進み、新しい家が建てられるようになっていく。そして一九七三年（昭和四八）には「横浜刑務所移転運動区民の会」が発足した。地元の発展とともに歩んできたかに見えた横浜刑務所にも、都市型刑務所としての存続の是非が問われるときがやってきたのだ。

一四年にわたって続いた移転運動にようやく終止符を打ったのは、一九八六年（昭和六一）になってからのことだ。結局移転はせずに面積を縮小、改装に際しての条件はオープンスペースの確保、街づくりとの調和、出所者出迎えの駐車場の確保、職員利用施設の地元への開放などだ。

翌年から着手された全面改築工事にあたっては、一二万四〇〇〇平方メートルあった敷地のうち、市に九万九〇〇〇平方メートルを売却して、その代金も新築費用に使われた。最終的には一三年を費やし、総工費は一二七億二五〇〇万円に及ぶ。こうして二〇〇〇年（平成一二）三月二一日に、新・横浜刑務所落成記念式典が盛大に催された。わたしがはじめて横浜刑務所に足を運んだのは、それから一年後のことだ。

旧・横浜刑務所は近代行刑思想を盛り込んだ先端の施設として、完成時には「近代刑務所のスタンダードモデル」とも言われた。新生・横浜刑務所は、旧施設の理念を受け継ぐとともに、保安警備面でも、重厚でシンプルなカギに替わって、指紋認証システムなどその時代のハイテク技術を活用した集中警備システムにより効率化が図られた。そして何より地域住民との共生を図るために、外観は周囲の環境と調和した地上四階建てのマンションや工場にも見えるような集約されたものとなり、都市型にふさわしい現代的な建造物となった。

ところが、新築の会計検査も終わらないうちに改築せざるを得ない事態が起こる。誰も予測しなかった未曾有の危機、過剰収容時代の到来である。一九七三年のオイルショックの頃に犯罪が少し増えたものの、九二年に戦後の最低を記録、当時は刑務所を減らそうという声も出ている。しかし二〇〇〇年を境にしていっきに収容者が増加していく。

過剰収容の実態

八〇〇名台を推移していた横浜刑務所の収容者だが、一九九九年の八五四人から二〇〇〇年は一〇五一人、翌年の二〇〇一年に一二三九人に急増、驚くべきことにたった二年で、約一・五倍へ増大した。

それは全国的な傾向からも明らかだ。一九九六年九月末の既決収容人員は四万四一三名で収容率八三％だったのに、九九年末は四万五六〇六名で収容率九〇％を超え、二〇〇一年末には五万三六四七名で一気に一一〇％に跳ね上がる。なんとわずか五年あまりで約一万三〇〇〇名、全体で約三〇％も受刑者が膨れあがった計算になる。

そもそも七〇から八〇％程度の収容率が、刑務所では望ましい数値だ。前述したがアメリカでは収容率が一二〇％を超えると暴動が起きるともいわれているのだ。

塀の中にはさまざまな人間が収容されるわけで、薬物中毒によるフラッシュバックの発作を起こす人もいれば争いも起こる。たとえば一〇人が工場でケンカをしたとしよう。当然懲罰を受けることになって昼夜間単独室（保護房）に入れられるのだが、これはもちろん単独室であり、そのために一〇室が必須となる。学校や会社の寮のように、決まった定員を収容できるという状況は基本的にない。

横浜刑務所は二〇〇九年一月一五日のデータによると、収容人員は一四七六名（定員一二六三名）で収容率は約一一七％である。

二七ヵ国二九五名の処遇指標Fと分類される外国人も収容されているが、もともとは日本人のみの施設だった。かつて外国人は府中刑務所に収容といわれていた。だが、外国人犯罪の急増によって、府中だけでは抱えきれずに、まず西は大阪刑務所、東は横浜刑務所で収容がはじまった。横浜では一九九八年に収容が開始されたが、もともとは日本語が理解でき日常生活に支障がない外国人のみだった。しかし二〇〇一年一月からは、日本語がまったく理解できない英語圏と中国語圏の受刑者に限定しての収容が加わって、これもあっという間になし崩しにされて国際色豊かに変わった。それほど急激に多くの国からやってきた外国人による犯罪が増大したのだ。

二〇〇八年六月のデータでは中国人が約三九％、ブラジル人とベトナム人が約一〇％、韓国人とイラン人が約九％の順だ。それに伴って職員側にも語学が必要とされるようになり、近くの語学学校に通ったり、選抜されて名古屋や大阪などに研修に行くケースも現れた。外国人の処遇に時間がかかり、よって日本人の受刑者への処遇が手薄になるという悪循環を招いてもいる。施設内では英語と中国語は職員、韓国語は外部スタッフが対応して、それ以外は府中刑務所に依頼する。

外国人の場合は初犯でも刑期が長く、悪質なものが多い。たとえば〝運び屋〟のイラン人。末端価格が億を超えるような大量の麻薬所持によって、最高一七年の刑だ。彼らは日本人より平均年齢が若い。よって処遇指標も異なるので、データに関しては外国人を省いて記載したい。

二〇〇八年五月の横浜刑務所取材時では日本人受刑者の平均年齢は四九歳で、平均入所数五・一回。最多は六〇代にしてなんと二六回目の服役。最高齢は八七歳（59ページ、表2-1）。

罪名は窃盗三二％、覚醒剤二六％で約六割を占め、詐欺、傷害致死、強盗致死の順だが、実際には依存性が高い覚醒剤事犯の罪を同時に持つ受刑者も多く、半数以上を占めているのが実情だ。

平成二〇年版（二〇〇八年）の犯罪白書では、「一般刑法犯の認知件数は戦後を通じて見ればなお相当高い水準にあってその動向は予断を許さないものの、二〇〇二年をピークに減少に転じている。ところが一般刑法犯の年齢層別検挙人員は、成人の各年齢層について見ると、横ばいないし増加傾向にあり、高齢者層の増加傾向は特に著しい」と発表された。

「刑務所がパンクする！」とわたしが雑誌に書いた二〇〇一年以降、横浜刑務所の収容者は一三〇〇名から一四〇〇名台を推移しているが、平均年齢も上がって平均入所数も一回増えている。つまり再犯を防がなければ受刑者は減らないのだ。二〇〇一年末の収容率は一一四％、〇九年一月末でも約一一七％と高く、過剰収容は日常化していた。

「減ったのではなく、この状況に慣らされただけで、まったく変わっていません」とは室井正則首席矯正処遇官の言葉だ。

深刻な高齢者の増大

高齢者も急速に増えている。一般的に高齢者とは六五歳以上を示すといわれるが、横浜の場合はデータ上の区分で、六〇歳以上、七〇歳以上となっている。これによると、六〇代以上の年齢が占める割合は二〇〇一年の一二・四％から、〇八年は二四％に急増している（59ページ、表2−3）。

「半数以上が暴力団や常習性の高い覚醒剤事犯者。それと最近では出所しても帰るところがない、すぐにコンビニエンスストアで缶ビール一本を万引きして捕まるような無銭飲食や無賃乗車などの微罪も多い。累犯だとそれだけで、また一年半から二年も刑務所に入ることになる。就労支援は大切だが、それも難しい高齢者の問題は大きいのです」と、室井首席矯正処遇官は語る。

表2−1の分類統計をご覧いただきたい。二〇〇一年と〇八年で平均年齢は、四四歳から四九歳となっている。一年で約〇・七歳ずつ上がっている計算になる。平均入所数も四・三回から五・一回へ増えて、明らかに連動していることがわかる。さらに表2−3でわかるように高齢者の収容率が二〇代、三〇代に比べて大きな伸びを示していることから

も、平成二〇年版犯罪白書で指摘された高齢者の問題が大きいことが裏付けられる。もっと別な見方をすれば、ここは累犯施設だ。成人してから罪を犯したとして平均値で考えると、成人後の人生のほぼ半分を彼らは塀の中で暮らしている計算になるのだ。

また、表2-2にあるように、横浜刑務所の再入所者の再犯率は、出所後わずか三ヵ月未満にして一八・四%、六ヵ月未満は一四・二%、一年未満は一四・六%。トータルでみるとなんと約五割（四七・二%）が一年未満に再び罪を犯して再入所しているという数値になる。出所した日に無銭飲食や無賃乗車をして刑務所にUターンというケースもあるようで、他施設では刑務所にやってきて捕まえてほしいと懇願した元受刑者がいて困惑したという話も聞いた。さらに寒い冬になると無銭飲食などの微罪で入ってくる「刑務所志願者」と呼ばれる常習犯もいて、これは正月前にとくに増えるそうだ。

過剰収容がはじまった二〇〇〇年頃からわたしがずっと感じてきたことだが、塀の中の高齢者は障害者の問題も含めて、出所してからの住居や仕事、生活環境などの受け皿がきちんと固まっていない限り、決して減少しない。出所後の社会復帰を手助けする自立更生保護施設はまだまだ少ない。

また、刑務作業で得られる作業報奨金は全国平均で一人一ヵ月当たり四三五一円。しかし、この金額はあくまでも、法務省の二〇〇九年度の予算上から算出した額であり、実際

	2001 年 4 月末	2008 年 4 月末
収容人員	1340 名 （定員 1200 名）	1443 名 （定員 1263 名）
収容率	112%	114%
平均年齢	44.1 歳	49 歳
平均刑期	2 年 9 ヵ月	2 年 9 ヵ月
平均刑期（日本人）	2 年 2 ヵ月	2 年 2 ヵ月
平均入所数	4.3 回	5.1 回
最多入所数	23 回	26 回
最高齢	80 歳	87 歳
罪名トップ	覚醒剤：32.1%	窃盗　：32%
同　　2位	窃盗　：29.8%	覚醒剤：26%
処遇の職員数	121 名	160 名

＊職員合計は　251 名　横浜刑務所

表2－1　2001 年と 2008 年の統計を比較

3 ヵ月未満	18.4%	118 名
6 ヵ月未満	14.2%	91 名
1 年未満	14.6%	94 名

1 年未満に罪を犯すものが約 5 割　横浜刑務所（2008 年）

表2－2　再入所者の再犯率

区分	2001 年（%）		2008 年（%）	
70 歳以上	2.5	12.4	6.1	24.0
60 歳以上	9.9		17.9	
50 歳以上	22.9		20.0	
40 歳以上	20.8		25.7	
30 歳以上	36.0		25.4	
20 歳以上	7.8		4.8	

横浜刑務所（2008 年 6 月）

表2－3　年齢別人員・収容率

には作業の質や熟練度などによって異なる。単純作業においては月に二〇〇〇〜三〇〇〇円ほどで、後期高齢者や障害者などは五〇〇円にも満たない場合も多いのだ。

数字の上では受刑者の全国平均二一ヵ月在所した場合の、釈放時の平均作業報奨金支給額は、六万一六五七円となっている。だが、基本的に出所する際に支払われる作業報奨金は、入所中の日用品購入や集会でのお菓子購入にも一部使用可能であり、通常は時間当り基準額の低い見習いからはじまるので、実際には横浜刑務所で平均すると出所時の支払いは二万円ほどという。これでは部屋も借りられないし、身寄りのない者は行き場がない。

もちろん塀の中では寝食など生活は確保されて、職業訓練によって勉強もできるし、努力すれば資格もとれる。忘れてならないのは一人の受刑者にかかる年間経費は人件費を含めて平均約二七〇万円であり、これには税金が費やされていることだ。作業報奨金の金額の是非についてはさまざまな意見もあろうが、これはトータルで多面的に考える必要があるとわたしは感じている。

再犯を防ぐことは治安維持につながり国民のためとなり、さらに受刑者にかかる税金も他に使用できる。受刑者が減らない理由、受け皿を持たない高齢者問題の詳細については、後述することにしたい。日本社会の高齢化のゆくえが、いま、そのまま塀の中に持ち込まれているような気がする。

刑務所の日常

朝六時四〇分、暗く静まり返った居室に起床の音楽が流れる。廊下の電気が点灯し、受刑者はいっせいに起き出す。布団を片付け、洗面、トイレなど、慌《あわただ》しく狭い部屋の中でうごめく男たちの息遣いと体臭が交錯する。一〇分で安座または正座して待機。「テンケーン」。刑務官の鋭く響き渡る声が刑務所の朝に緊張感を生む。やはり男子のB施設には暴力団関係者も多い。重苦しさと彼らの背景が織り成す独特の灰色の空気が充満する。

朝の点検はドアを開けずに、鉄格子の窓から刑務官が二人一組で、順番に居室を回って受刑者の点検・点呼をしていく。続いて、決められた受刑者の配食係が平等に仕分けされたご飯、味噌汁とおかずが乗せられた台車を引き、小窓から配って食事となる。

納豆が入ったプラスチックのお椀を左手に持って、右手で申し合わせたように全員が箸を垂直に立てて一心不乱に混ぜる様子には、わたしも和やかな一瞬を感じた。余談だが、大阪刑務所では、さすがに関西、職員ともども「納豆なんか食えるか」ということで、塀の中に納豆が入ったのも最近のことだそうだ。

基本的に男子刑務所（官民協働刑務所・美祢社会復帰促進センターなどは除く）は居室にカギがかかった閉鎖居室がほとんどだ。横浜刑務所では受刑者が生活する居住棟は四舎まであって、その中に単独室（独居房）や共同室（雑居房）が区分けされている。

朝、刑務作業のために出室して夕方まで、外側からカギがかかった工場内で働く。昼飯も工場内の食堂で食べるので、運動や風呂など以外には基本的に工場にずっといる。一般社会のように「ちょっと喉かわいたからお茶でも飲みに行こうか」と、会社を出るわけにはいかない。午前と午後の作業の合い間の一〇分の休憩時間に、トイレに行ったりお茶を飲んだりする。そして作業が終了し、いつものように整列行進して居室（雑居や独居）に戻ると、決して中からは開かない厳重なカギがかかる。こうして土日祝日、作業休以外の刑務所の日常は、動作時限に従って、規律正しく続いていくのだ（表2−4）。

取材した共同室は、過剰収容のために二〇〇一年から六人部屋を八人で使用していた。八人分の布団は敷けないので、壁の両脇に高さ九〇センチの木製ベッドを二台置き、その下に三組ずつの布団をベッドに垂直に敷いている（47ページ写真）。六本の足の上部にベッドがあって一人が寝るというわけで、非常に圧迫感のある光景だ。共同室の内部には、かがんでも顔が丸見えのトイレと洗面所もある。新法の施行によって、従来の二〇リットルに加えて私物保管箱が六〇リットル持てることとなり、横浜刑務所では旅行用の大きいキャスター付スーツケースが各々分置かれた。その結果、狭い部屋がより窮屈になった。横浜はもともと暴力団関係者が多いところである。恐面で堂々たる体軀の男たちが狭い共同室で、共に寝起きするわけだ。夏は暑いし冬は寒い。トイレは臭うし狭いし争いも起こる。ここで出所までの日々を暮らす。これが刑務所なのだ。

6：40	起床（音楽）
6：50	点検（ドアは閉めたまま）
	配食、食事
7：30	出室（工場へ移動）
7：50	作業開始
↓	休憩 10 分
12：00	昼食（工場内の食堂）
12：30	作業
↓	休憩 10 分
16：30	作業終了
16：40	還室（居室へ帰る）
17：00	夜の点検（ドアを開ける）
	食事、自由時間
18：00	仮就寝（布団が敷ける）
21：00	本就寝（消灯・豆球）

※休憩・自由時間などは交談できる

表2-4　横浜刑務所の動作時限

来るものを拒めないのが刑務所の宿命

一九八七年から一三年越しの一九九九年にようやく完成した横浜刑務所は、すぐに改装を迫られることになる。二〇〇〇年一二月には六人部屋での七人雑居、翌〇一年八月には八人雑居が試行されたが、それは刑務所全体で悩みぬいた末の決断だった。この頃はどこの刑務所でもあふれかえる受刑者対策で必死の試行錯誤が続いていた。

六人部屋に七人、八人を収容す

るにあたっては、ふだんの生活態度をみて、協調性がある受刑者を選んでいる。ちなみに受刑者側からすると一番いい場所はトイレと対角線にあるベッド、次が反対側のベッド。どん尻がトイレの隣に敷く布団といわれるが、それは平等を期すために入所の古い順とした（現在ではローテーションが組まれているとのことだ）。

おりしも二〇〇二年は日韓で開催されるワールドカップが控えていた。もしもの場合に備えて横浜刑務所にも海外からやってくる凶暴なフーリガンを収容するための仮設舎房の打診が法務省矯正局からあったが、「これ以上収容する部屋はない」と答えている。

収容者の増加によって二〇〇一年から倉庫や教室が改造され、新築後まもなくにして工場も一四から一七に増えている。前出の「減ったのではなく、この状況に慣らされただけで、まったく変わっていません」という言葉通り、いまでこそ定員オーバーの八人収容の共同室などの現況に刑務官も受刑者も驚かなくなったが、これはもともと苦肉の策ではじまったことで、やはり現在も異常事態に変わりはないのだ。

二名独居の出現

「二名独居」という耳慣れない言葉にわたしが出合ったのも、過剰収容という言葉が頻繁にメディアに登場しはじめた二〇〇一年の川越少年刑務所でのことであった。独居と二名というまったく結び付かない言葉を不審に思いたずねてみると、もちろん過剰収容対策のためだった。

収容人員が一三〇〇名（当時の既決の定員一一七六名）を超えた〇一年三月に、はじめて開放独居に二段ベッドを入れて二人使用を試行。収容人員は翌四月からはさらに一四二〇名前後を推移し、じつに一二〇％にも収容率は膨れ上がっていった。

「四〇度以上もあって蒸し暑くて、寝返りの音が気になって眠れなかったです」

四年の刑務所経験があるとはいえ、はじめての「二名独居」生活。自身が寝返りを打つたびにギシギシときしむベッドの音。下に眠る同室者が気を損ねないかと思うと、朝方まで眠れない。シーツは汗でぐっしょりとぬれて、寝不足のうえに背中には汗疹《あせも》までができた、こう苦笑いをしたのは「二名独居」の上段に移動した二四歳のA君だ。

過剰収容のはじまりの二〇〇一年は極暑だった。冷房設備ももちろんなく、最上階の狭い単独室（独居）の室温は四〇度を超えて、さらに天井に近いA君の場所は屋根からの直射日光がガンガン照り付けてむせかえる。暑さ対策として風通しをよくするために、開放室の通路の先にある普段は閉じられている窓を特例で開ける措置をとったのだが、それでも絞るほどの汗が出る。それが九月半ばまで続いたのが辛かったと教えてくれた。

川越少年刑務所の「二名独居」は議論の的になった。「独居を二人で使うことには異論があるから、うちでは試みるつもりはない」という他の関係者の声も聞いた。しかし川越少年刑務所の当時の大森正処遇部長は、「もちろん独居での二名拘禁には問題がある」と認めたうえで、「しかし限られた収容能力のなかで、要請があれば受刑者を入れざるを得ないのが刑務所の使命。非常時にあっての切迫した試行なのです」と語ってくれた。

川越少年刑務所とは初犯、並びに犯罪傾向が進んでいないA指標施設だ。出所前の釈放前教育を受ける者や当時一級と呼ばれていた成績の良い者は、ドアにカギがかかっていない開放独居房（約五・八平方メートル）に収容されていてトイレも居室になく通常の独居房（約三・六平方メートル）より広い。その房が六〇あってその一三室に二段ベッドを入れて、まず実施した。

二〇〇六年の新法以降、独居房は単独室と呼び名は変わったが、単独室での二名拘禁は、過剰収容に伴うほとんどの施設で日常化している。ちなみに〇三年の府中刑務所では単独室に二組の布団を並べて敷くものの四分の一ぐらいずつが壁にはみ出した状態だったが、現在は二段ベッドにして個人の空間を少しでもとれるように工夫されている。

収容率全国ナンバーワン、二〇〇七年に一三八％という驚くべき収容率を記録した女子の和歌山刑務所では、やはり開放的処遇をする単独室に二つ並べて布団を敷いて対応している。ここではなんと六名の共同室を九名で使用している例も二〇〇九年はじめまであった。その状況を見せてもらうと、八つの布団がぎっしり敷き詰められた集団室にあって、一人は押入れの上段で寝るという構造だ。押入れなんてかわいそう！　と思うのが普通なのだが、ここは最高収容率を誇る？刑務所、皮肉なことに「押入れのほうが個人の空間を保持できていい」という受刑者からの話まで飛び出した。つまりそれほど過密空間の中で日常を過ごしている事例でもある。

刑務所の使命の一つに「心情の安定」があるが、物理的な受刑者の過剰拘禁と刑務官の過剰労働では、それは不可能に近いのだ。

ストレスの増加のためか、過剰収容の増加に比例するように懲罰件数も増える。また日本語が話せずに、意思疎通がスムーズにいかない外国人受刑者との日常にも障害が多い。外国人と日本人受刑者との確執も起こって、刑務官にも受刑者にもさらにストレスがたまる。「寝ているときに足を踏まれた」「狭い食堂で肩が触れた」などささいなことでケンカになる。

川越少年刑務所の場合は、収容率一〇一％だった二〇〇〇年末に比べて、二〇〇一年末には一一一％と増大。懲罰件数も二割アップしている。横浜刑務所では二〇〇〇年の懲罰件数は約六七〇件だったが、〇一年は九月末ですでに八〇〇件を超えていた。過剰収容のストレスがケンカやトラブルに発展し懲罰に及んだことは明らかで、トラブルが増加すると事務手続きなどの業務が増えて職員の休みも減る。そして夜勤は仮眠する暇もない。前例のない過剰収容によって刑務所の内部は、職員も受刑者もパンク寸前に陥っていた。

塀の中の運動会

青空にさまざまな国旗が、国際色豊かにカラフルにたなびく。一周一八〇メートルのグラウンドには、総勢一〇〇〇人の丸刈りの男たちが各工場に分かれて規律正しく入場行進をする。額にはキリリと鉢巻を結んでいる。それだけみれば、のどかな昭和三〇年代のどこか大きな工場の運動会の風景のように見える。しかし、運動会の五日前に、総務部長の矢野喜《き》郎《ろう》さん（当時）は、「はじめに」でも紹介したように、心配顔でこう語った。

「『重刑者の収容率が一二〇%を超えると暴動が起こる』とアメリカではいわれますが、ここでもありうると危険を感ずる。運動会も十分警戒します」

二〇〇一年一〇月のまさしく過剰収容問題が深刻化する中、厳戒態勢で開催されたのが横浜刑務所の運動会（42ページ写真）だった。前年より参加者も約二〇〇名増えている。処遇の職員一二一名はすべて出勤して非常事態に備え、屋上の三ヵ所からも警備の鋭い監視の目が光っていた。

テントの中で見学する外部の招待者はいるが、取材者はわたししかいない。ましてや一応女である。わたしにとって塀の中の運動会は、一度は訪れたい憧れの場所だった。とはいえ累犯のB、暴力団ひしめく横浜刑務所で、それも過剰収容の渦中、関係者にとっては迷惑極まりないだろうと感じていても、わたしは、その時空を自分の目でみたかった。

狭いグラウンドは、それぞれの工場に分かれて席に座るとぎっしり満杯状態。刑務官の顔も普段より一段と険しい。彼らが席からちょっとでも立ち上がると同時に「座れ！」の怒号が飛び交う。

工場対抗運動会は一二時五分からの三時間（現在は二時間に短縮）、受刑者が年一回思う存分に身体を使えるハレの日なのだ。二四ヵ国の外国人受刑者二五〇人も参加し、日本語と英語、中国語という三ヵ国語の実況中継もあって、緊張感の中にも華やいだ賑々しさが混じっていた。このとき中国語での放送に協力してくれたのは、中国人弁護士。そしてこの日は来賓も九〇名ほど出席しているので外部の空気も味わえるし、年間の行事祭費からはバナナと缶ジュースにお菓子も出た。

競技は一〇〇メートル走からラストの六〇〇メートルリレーまでの一〇種目。二人三脚に来賓ゲーム、少年刑務所ではみられないゲートボールカップは四五歳以上、水汲みリレーには四二歳以上という但し書きがあった。百足《むかで》競走のイラン人チームは息がピッタリだった。四人すべてがりっぱな刺青の持ち主で思わず見惚れたわたし。一回二チームずつ実演する応援演技に至っては、さすがに暴力団関係者が多いせいか大音声・迫力・貫禄ともに満点という工場があって楽しませてもらった。

その中で個人競技の三番に入った中年の受刑者が、賞品のタオルを持って「先生！」と嬉しそうに担当官へ報告にやってきた。「よかったなぁ、おめでとう！」と優しく声をかける刑務官。はじめて人にほめられた受刑者の、嬉しさが染み入るように伝わってくる光景だった。優勝した工場は大喜びで、工場に戻ると全員でオヤジと呼ぶ担当刑務官を胴上げする。これは受刑者にとっても刑務官にとっても最高に嬉しいことで、信頼関係がより深まる瞬間でもある。

「彼らは人生の中で、一度もほめられた経験がない者が多い。だから本当に嬉しいんですよ」とは、取材中ずっと付き添ってくれた処遇責任者だ。成人してから、その後の人生の半分以上を塀の中で暮らす者も多い累犯施設にあって、この言葉は受刑者の育った環境や生い立ちを垣間見せてくれた一瞬でもあった。

厳戒態勢ではじまった運動会は、こうして何事もなく前年よりスムーズに終了した。

新米刑務官の悲哀

「怖いと考えている暇がないほど、常に緊張しています」

二〇〇一年に横浜刑務所を取材した際、過剰収容によって増大する受刑者に、どの施設でも困惑が続く渦中、拝命（就職）してまだ三年目という二六歳の小林刑務官（仮名）に話を聞いた。

一八三センチ、一二〇キロという巨漢にして柔道三段の彼は、夜勤の棟一舎三階の共同室に収容されている一七〇人を担当する。

「左、左、左右」という当時の行進は、刑務官の大号令と受刑者の復唱が地上四階の施設に怒号のように響き渡っていた。もちろん府中刑務所でも行進はあるが、わたしが見たなかでは、一番迫力があるのが横浜刑務所だった。女子では刑務官自らが号令をかける和歌山刑務所が一番元気で、ここは男子施設の流れを汲むからだと当時聞いた。しかし、その後軍隊式行進は情操教育にもよくないとのことでやめている。

工場へ出役する、受刑者一七〇人が次々と整列すると壮観だった。小林刑務官が号令をかけるたびに汗がほとばしり、緊張感がひしひしと伝わってくる。

「ただ新しい靴を履いて工場へ行っただけで、『先生、靴新しくなったなあ』と指摘されてドキッとして、彼らに、見抜かれてると感じてます。自分が怠けるとそれが受刑者に伝わる、だからいつも緊張感があります……」

当時その工場には、三十数名のイラン人と中国人がいて、外国人対日本人の図式ができていた。

言語の問題、文化や習慣の違いで争いになり、そのために外国人同士は結束し、刑務官も言葉が通じないことにもどかしさと焦りとストレスを感じていた。

六人共同室での八人収容もはじまり、生活圏がよけいに狭くなってイライラも募る。足を踏んだ、踏まれた、イビキなどや、気分の波でもトラブルになる。

「怖いのはケンカです。やってやるぞ、と目はギラギラと血走るんです」。前述したように、横浜は暴力団関係者も多い、累犯施設なのだ。

夜勤の日は、夕方五時から朝の八時半までの間に、二交代制で一五分に一回それぞれの房を巡回して受刑者の存在確認をする。夜はまた、昼間と違う緊張感が漂うのだ。

「白物三点に気をつけろ」といわれるが、これはシーツや枕カバー、衿布《えりふ》のことで、これを裂いて紐にして首吊りなどの自殺を図る可能性も否定できないからだ。二〇〇八年にロサンゼルスの拘置所内で、いわゆるロス疑惑の三浦和義容疑者がTシャツを縄状にし、それで首を吊って死去している。

夜勤は一回一時間半から二時間、一人で回って四時間半ずつで交代、一階から四階までの各居室を一五分に一回巡回する。横浜では一つの居室の巡回が終わったら、確認ボタンを押すことになっていて、このデータは管理される。

また夜間に受刑者に何かあれば、カギがかかった居室から外に〝報知器〟と呼ばれる印が出されて合図となり、それを見た刑務官が対処する。人員削減前は二人で回っていたこともあるそうだが、二〇〇一年当時の強い味方は非常ベルと無線のみで、とっさの場合は一人で対応せざるを得ないのが実情だった。

夜間は一人で七〇〇人もの受刑者を見回るという、想定外に増大する収容者によって刑務所も、職員も、受刑者もパンク寸前の危うい時代だった。

薬物改善指導

横浜では日本人受刑者のうち約四八〇人（二〇〇八年四月末）がなんらかの疾病《しっぺい》をかかえ、高齢者はその六割に及んでいる。また覚醒剤事犯者においては、注射針の使い回しによるB型肝炎の発症率が高く、現場の職員の仕事はますます煩忙を極めている。

そうした中、刑務所としては初めて、横浜刑務所では二〇〇〇年から「横浜ダルク」（薬物依存者が立ち上げた民間の薬物リハビリ施設）から講師を招いて、更生プログラムの一環として「薬物改善指導」が行われている。

これは毎回選ばれた一〇人の受刑者が、週一回一時間ずつ三ヵ月で一二回受講するというものだ。まず法務教官の指示によって椅子で円陣を組み、横浜ダルクの代表である五十《いそ》畑《ばた》修さんがその中心に座る。わたしが取材したときの受講者は、三〇代から七〇代の薬物依存者だったが、「(1)人を中傷・批判しない。(2)ウソをつかない。(3)秘密を守る」と全員で復唱してグループミーティングがはじまった。

この日は第三回目、客観的に自己を見つめ直していくために、「覚せい剤のいいところと悪いところ」を各自プリントに書き出し、それを順番に発表していった（表2-5）。

あるグループミーティングの際の受刑者ノートを見せてもらうと、依存者である自分を見つめたこんな印象的な記述があった。

①覚せい剤を使うと七二時間、がんばって起きていられるし、お腹もすかないし、みんなが寝ているときに、起きていられるのが楽しい
②受験勉強をするのに覚せい剤を使う
③セックスの良さが忘れられない
④やればやるほど元気が出る。こんなにいいものがあったのかと、飯も食わない
⑤しかし万能薬の夢は解け、やがて耐性化して、自制がきかなくなる
⑥会社に遅刻しはじめて、やがて友だちをなくす。最初は「親戚のおばさんが死んだ」とウソをついて、また一発入れる、また言い訳のウソをつくの繰り返し。仲が良かった

覚せい剤のいいところ、得なこと	覚せい剤の悪いところ
日銭が入る	よい友達、知人が減った、家族が壊れた
眠らなくていいので、（最初）仕事の能率があがった	友人、家庭、仕事を失う
お金をもうける、集中力がUP	将来、得は何にもない
気持ちすっきり、SEXがいい	すべてを失う
金回りが良かった	薬を続けると身体を悪くして損ばかり B型肝炎になって、身体に障害
ギャンブルで負けても、すぐに取り返せると思ってまたやる	時間がもったいない 信用・仕事を失う
ない	大切な人たちがいなくなった

表2-5　覚醒剤使用者の感想

人から離れていく
⑦現実と妄想の判断がつかなくなる
⑧中毒・依存症になる

覚醒剤の魔力

六〇代前半の林受刑者（仮名）は、三七歳のときに知人に勧められて覚醒剤に走った。その後は錠剤型でエクスタシーとも呼ばれる合成麻薬MDMAにも手を出すようになって、刑務所を出入りすることすでに六回目、延べ一五年以上を刑務所で暮らす。

「自分はアパートを二〇棟も持っているから、他の人のように生活には困らない。覚醒剤は抜けたときはダルいが、楽しいことばかり。だからいままで刑務所にいてもやめようとは思ったことがない、いつも出たらやろうと思っていた……」

身寄りもなく行き場がどこにもない受刑者が多いな

かで、この受刑者は断トツに恵まれていて、表情や口調にもまったく悲壮感はない。そんなに生活が豊かなら幻覚や妄想ではなく、もっと現実の中で喜びはたくさんあるはずなのに、なぜクスリに手を出すようになったのか？　とわたしが問うと、やはり「楽しいからだ」を繰り返す。

彼のクスリに走ってからの人生においては、シャバより刑務所のほうがずっと長いのだ。六回目の逮捕の今回は覚醒剤所持一〇〇グラムで、満期は二年だ。平均すると一度のおつとめで三年から四年を塀の中で過ごし、また一年程度で戻ってくる計算になる。刑務所の二十四時間監視される厳しい生活は懐かしくなかろうが、とわたしは思う。だが、二〇〇九年にマスメディアを騒がせた、最後の清純派タレントと称される酒井法子もしかり、日常の喜びや安定した生活をも狂わせるほどに、薬物にはとり憑かれる魔力と依存性があるということだ。

「また刑務所に来たい？」と最後にもう一度聞いてみると、

「さすがにもう年齢的にもきつくなってきたので、やめたいとは思う……」

人間は快楽を感じるとドーパミンという神経伝達物質が発生し、これによって身体が活発化して幸福感を得ることができるとされる。

「セックスに比べ覚醒剤は数倍も快楽を感じられるといわれる。それほどいいものを一度

味わったらやめられるわけはない」と、ダルクの五十畑さんは自分の経験から自信を持って前置きをする。そのうえで、

「眠らなくてもいい、頭が冴える。スーパー万能薬に思えた覚醒剤が、やがて耐性化して現実と妄想の判断がつかなくなる。依存したら完治はしない。クスリに対して自分はいかに無力であり、依存者＝病気であるということをまず認めることが大切」と説く。

科学的にも覚醒剤はドーパミンとよく似た成分構造を持ち、使用すると同じような快楽も得られる。しかし常用や過剰摂取など一度依存症になると幻覚症状や被害妄想が現れて、統合失調症のような状態に陥ることもある。

自らもクスリをやめられたわけではなく、使わないでいられるだけの状態であると、身をもって薬物の弊害を説く五十畑さんの言葉には説得力があった。

それまでの塀の中の「薬物をやめられないのは意志が弱いからだ」と一方的に語る以外に道を持たなかった教育とは違い、経験者による実地の改善指導は、依存する受刑者に大きな効果をもたらした。「改善指導の最初はまだ欲望が出ているが、回数を重ねるうちに落ち着いてきて、最後は自分でやめられる気持ちに変わっていくんです」。

いまでは全国各地の刑務所にダルクの講師が招かれて、薬物改善指導が行われている。

母のために覚醒剤をやめる

三〇代半ばの佐藤ケン（仮名）が覚醒剤に手を出したのは二〇歳のときだ。当時は暴走族をやっていて、その先輩に勧められたのが最初。気分がウキウキと高揚して楽しかった。最初の逮捕には執行猶予がついたものの、その間に再び手を出して川越少年刑務所に三年半収監された（最初は執行猶予がつく場合がほとんどだが、その間に多くがまた薬物に手を出してしまい、罪と刑は加算される）。

職業訓練は受けてはいない。薬物受刑者には多いのだが、他人を殺めていないこともあって罪の大きさを自覚していない者も多い。彼もまた同様で、出所すると長く不自由だった刑務所の生活の反動で、元の知り合いに会ってクスリをもらってまたやる。その瞬間にはすでに刑務所で辛かったことを忘れた。

出所してまた一年後に逮捕されると今度は、累犯施設である「悪のゴールデンコース」と称された水戸少年刑務所へ四年間収監された。

「ヤクザが多いところで、対人関係は川越とはまったく違って、入っている人間が悪かった。反省なんかみんなまったくしていないし、次に出所したら何をやるかとか犯罪の話ばかり。自分はそれに合わせて生活していただけで、水戸は更生施設じゃなかった」（悪名高き水戸少年刑務所は、二〇〇八年四月に成人用刑務所に昇格？した）ときっぱり批判をする。とはいえ、自分自身もクスリを止めるなんてことは、まったく考えてはいなかったそうだ。

二八歳で出所したものの、地元のワルも同じ時期に出所してきて、二ヵ月半後にまた捕まる。刑期は二年で、少年施設ではなく今度は成人の累犯施設である横浜刑務所に収監された。年齢と犯罪の進度によって収容施設が変わっていく様子がよくわかる事例だが、こうやって犯罪を重ねていくと、やがては帰る場がなくなっていくのだ。

三一歳で出所したが、またしても三ヵ月後に覚醒剤四グラムを所持していて、自己使用で四回目の逮捕。刑期は二年七ヵ月だ。四グラムの覚醒剤でも、累犯の量刑は重い。見るからに気弱そうで、勧められると断れないまま流されてきたのだろうと感じられたが、しかし彼はそこで変わった。

きっかけは母だった。二〇歳でクスリに走ってから、すでに一五年の年月が流れている。それでもありがたいことに母は息子を見放さなかった。

四回目の横浜刑務所に母親が面会にきてくれた、すでに六〇歳。歳をとった母の姿が哀れで小さく見えた。彼はその瞬間に、いままでの迷惑をかけた長い時間を反省し、「これ以上、最後までは心配をかけられない。悲しませたくない」とはじめて心から誓ったのだ。

「いままでは反省していなかったけど、今度は違う」と言い切る佐藤ケン受刑者。実際に彼はその後、宅建の通信教育を六ヵ月間受講して修了証を得て、なんと試験にも合格したのだ。中学しか出ていない彼にとってははじめての挑戦で、自分もやればできるということを体感できるすごく嬉しい経験だった。

中学時代はけっこう勉強ができたのだと振り返る余裕も出て、自信もついた。続けて次に独学で危険物取扱いの勉強をはじめて、すでに八ヵ月間がたった。

「出所後は資格を生かして仕事をしたい。そして母親を近場の温泉に連れて行ってあげたい！」と生き生きと語っていた。

自称・プロの詐欺師の刑務所遍歴

「わたしはプロの詐欺師と呼ばれます」と自慢げに話す大谷受刑者（仮名）は六〇代半ばで、人生の半分近くを刑務所で暮らしているが、じつに健康的でエネルギッシュに見える。

「わたしは週休二日、勤勉に働いて、仕事熱心。女房と子どもにもきちんとお金を入れていたし家だってある。酒もクスリもやらないから身体だって健康、若いでしょ？」と明るくのたまう。確かにこのお方、薬物に侵食されて不健康そうな高齢受刑者とは明らかに違ってエネルギーもあるし頭の回転も早い。ならばなぜ？　と疑問を持つほどなのだが、彼の仕事というのは人を騙《だま》すことによって成り立つ詐欺師で、今回十数回目の刑期はなんと六年余もあるのだ。

大谷受刑者は、二〇代半ばで訪問販売の仕事をはじめてすぐにトップの成績を収める。三〇歳の頃にはすでに月に四〇万〜五〇万円を稼ぐ高給とりになった。人を信用させる話術には天性のものもあったのだろう。ならば自分でてっとり早くやってもっと稼ごうと独立する。

あるときは点検作業をしますと嘘をついて地方の高齢者の家をたずねて、巧みに消火器などを高額で契約させたり売ったりした。これはのちに「点検商法」「悪徳商法」と呼ばれる。他には布団、シロアリ、火災報知機など騙す手口は枚挙にいとまがない詐欺商法だ。

彼は「昼間勤務」と豪語する。〝仕事〟の現場は地方が多く、相手は高齢者が多い。

「あなたも六〇歳を過ぎて、同じ高齢者を騙すことに抵抗はないの?」とわたしは聞いてみた。

「簡単に儲かるし、普通の仕事なんか考えられない。いまだって出所して二、三時間あれば段取りして人も使って仕事ができますよ。運転手と事務員とか雇ってね」と悪びれない。

今回入所する際に妻とは別れたが、子どもはいまだに面会に来てくれるそうだ。プロの詐欺師という彼の持論の中には「人に迷惑をかけているわけじゃない」ということと「自宅にもきちんと生活費を入れていた」という屈折した自負心がある。

「でもあれはダメです。オレオレ詐欺は邪道だ！」と反発するのには、わたしは思わず笑った。その理由を聞いてみると、「わたしは自分の話術で、金額も二〇万ぐらいで少ないし、きちっと説明して消火器販売なんかをしてたわけで、相手も納得していた。だからわたしはプロの詐欺師。オレオレ詐欺は顔も見えないし邪道」という見解だった。

結末は同じだと思うのだが、その過程が彼にとっては大きく異なり、それはプロとして許せないということらしかったが、少々うなずけてしまうのがおかしかった。

「罪悪感はぶっちゃけてない」という言い分は結局撤回されなかったが、最後に「もう先がないから反省しても意味がない、開き直るしかない」という言葉に、彼の本音と人生が少し見えた。

ところで、この年季がはいって雄弁な受刑者に、昔の刑務所のことを聞いてみた。

「最初に入ったのは中野刑務所。中野刑務所の十字舎房では板張りにゴザを敷いて、その上に座ってました。あそこは雰囲気がありましたねぇ。昔の職員のほうがのんびりして、人情味もあった」と、まさかここで一九八三年に廃庁した中野刑務所の話を聞くとは思っていなかったが、中野、府中五回、福島、鳥取、名古屋、横浜刑務所という彼の三十数年間の刑務所遍歴にわたしは興味がわいた。

彼は〝刑務所エリート〟とも呼ばれる優遇区分二類（昔の二級。一類から五類まであり、はじめは五類から。受刑態度、期間により変動する）という模範囚で、工場の班長として刑務官にも信頼される立場にもあるのだが、出所してもすぐに戻ってきてしまう受刑者なのだ。これだけ弁が立ち頭の回転も早ければ普通の仕事だってできると思うのだが、塀の中では非常に適合するが、社会には不適格という受刑者が多いのも事実だそうだ。

そんな生き字引のような彼に、刑務所の昔といまをたずねてみた。それを箇条書きに整理すると次のようになる。

①昔のほうが受刑者も少なくて、のんびりしていた（↓過剰収容により受刑者にも職員にも負担がかかる）
②普通の人の刑が重くなった（↓被害者感情への配慮による刑の重罰化によるもの）
③優遇制度がもっとあっていい、自分は昔の二級（優遇二類）だが、もっと増やしてほしい（↓新法によって受刑者の優遇措置にも変化）

④刑務所の中の格差。以前は一律だったが、二〇〇六年五月の新法の規制緩和によって、八〇リットルに収まれば私本も自由に持て、ここに弊害が現れた

⑤反則が増えている。④によって居室の中で物品の不正授受が起きて懲罰が増える。たとえば模範囚の大谷受刑者の場合は、私本一〇冊と官本の三冊が旧監獄法では認められていたが、いまは無制限で、お金さえあれば、誰でもその範囲内においていくらでも持つことができる

新法以降の格差の問題はどの施設でも聞くことだが、外での社会的な力関係はあったにせよ、唯一持てるものと持たざるものの格差がなかったのが塀の中だったはずだ。大谷受刑者の言葉は、刑務所三十数年の熟達者？として、塀の中の不平等を語るに非常に説得力のあるうまい言葉だった。

「この新法は現場を知らない人がつくったと思います。お金がない人は肩身が狭くて気の毒で、かわいそうです」

刑務所は最後の福祉？

一五工場は高齢者や知的・身体障害者などを多く収容する工場である。畳に座って袋貼

りなどの単純作業をしている様子に、受刑者というよりまるで老人ホームか養護施設にいるような錯覚をわたしは覚えた。

二〇〇七年の暮れには法務省矯正局から、「正月には餅を細かく切って高齢者に与えるように」とお達しが回ってきた。毎年どこかの施設で高齢受刑者が喉に餅を詰まらせるからだ。他にも、おかゆ、りんごを細かく切った刻み食など調理についても手間がかかるようになっている。

「刑務所は最後の福祉」とは、福島刑務所の福地美恵子元所長より、二〇〇一年の過剰収容がはじまった時期に耳にした言葉だ。刑務所とは一番縁遠いと思われる「福祉」の意味とは……。

わたしは本書の原稿の完成が近づくにしたがって、やり残していることが脳裏をよぎるようになる。

二〇一〇年一月、受け皿を持たない高齢受刑者、そして長期受刑者の生《なま》の話を聞くために、しめかざりが飾られた横浜刑務所に足を運んだ。

横浜刑務所は二〇〇九年四月から、長期受刑者を受け入れるようになった。正式にはB施設にLB（執行刑期一〇年以上の長期の累犯）を付加したという形の刑務所になった。その理由には長期施設の収容率がいずれも一〇〇%を超えており、それを分散する目的もあったようだ。長期受刑者の内訳はFLの外国人が六一名とLBの日本人が四六名でトータル一〇七名、そのうち無期が一八名。日本人の平均年齢が四八歳、外国人が三九歳。

一方、六五歳以上の高齢者は一三五名。要介護のおしめ・車椅子を使用する受刑者も四、五名いて、彼らは単独室で生活している。

ところで取材中に認知症の受刑者が奇声を発したため非常ベルが鳴り、車椅子で刑務官に移動させられてくる光景に出会った。ここは暴力団関係者が半数近く入所する刑務所だ。その光景はやはり奇異であり、そうした受刑者は専門施設に収容されるのが望ましいのだ。

生きるために賽銭泥棒で五回

「仏の世界ならいいかなと……、生きるためにお寺のお賽銭を仕方なくいただいてました」

控えめに話をする正木受刑者（仮名）は現在七八歳。二〇歳から六〇歳までを、大阪の西成（あいりん地区）の土木会社の飯場で暮らし、まじめに仕事をやってきた。しかし、六〇歳になると会社から契約を打ち切られ、飯場も追い出された。独り身で天涯孤独な正木さんは名古屋に移ってみるものの、高齢で住所不定の身には仕事はなかった。蓄えもなくなりお腹もすく、いよいよどうしようと悩んだ末に、仏さまなら赦《ゆる》してくれるかもしれないとお寺の賽銭を盗んだのがはじまりだった。額は一〇〇〇〜二〇〇〇円ぐらい。生きるための最後の手段だった。

一回目の逮捕は刑期六ヵ月だったが、執行猶予がついた。しかしお金がないので、すぐにまたお賽銭を盗る。刑期は八ヵ月。両方合わせて一年二ヵ月の刑で福井刑務所へ入所となった。身元引受人がいない場合は仮釈放はなく、満期出所となる。帰る場所がない正木さんは、出所の際に作業報奨金を一万円余受け取ると更生保護施設へ二ヵ月入った。

「そこで市役所にも行って生活保護を申請してみましたけど、住所不定無職ではダメ、どこも受け付けてくれません。わたしが悪いんですけど……」

正木受刑者はお金がなくなると賽銭をいただくという窃盗を重ねていく。二回目は名古屋刑務所で刑期は一年。出所後に同じように更生保護施設に二ヵ月間入所。

三回目は甲府刑務所で、二年四ヵ月の満期出所時に七万円を超える作業報奨金を受け取る。

「お金があるうちは社会におりますが、なくなると刑務所へ入るしかないんです」

四回目は府中刑務所で三年、ここからは更生保護施設にも入ることができずに、満期を迎えるとわずか三、四万円の作業報奨金を得て出所する。そして五回目の横浜刑務所での刑期は三年で、取材時には入所して一年半がたっていた。

罪名が窃盗と聞くと大事にも聞こえるが、実際には盗んだ賽銭はいつも一〇〇〇～三〇〇〇円ぐらいなもので、正木受刑者は一線を越えてそれ以上の大罪を犯すこともない。生い立ちも恵まれなかったと想像できるうえに、話を聞いているとあまりの謙虚さに心が痛んだ。

この一六年、刑務所に五回も入所を繰り返していると、世間から白眼視されたり悪の誘いもあったろうに、変わらず賽銭だけ盗るという、これは正木さんの最後のプライドのような気がする。さまざまな窃盗や詐欺を重ねてきて高齢となり、出所を控えて「行くところがない……」と、ずっと泣きじゃくっていた高齢の受刑者を、女子施設で取材したことがあるが、そういう事例とも違う。

まじめに働いていたが仕事を失ったことで住所不定となり、まったく帰る場所も受け皿もない、ならば刑務所に戻るしかないという典型的なケースなのだ。こういう人こそ、受け皿や福祉の救いの手があれば確実に刑務所に行かずに済んだはずだ。仕事があれば多くを望まず一生懸命に働いただろう。

「一生懸命仕事をしているときが何も考えることもなく、一番幸せ」と、袋貼りの単純作業の話を嬉しそうにする。出所間際になると、正木受刑者はひどく孤独や不安に陥るそうだが、すべてわたしが悪いんですとどこまでも謙虚。彼もすでに七八歳、満期まであと一年半。できるなら刑務所で、骨も拾ってほしいと思っているという言葉が心に染みる。救うべき人を救えない世の中は、やはりおかしい。

罪を重ねていくとやがて帰る場所がなくなり、受け皿を持たない高齢者は行き場がないのが現実だ。ビール一本無銭飲食しても、それだけで累犯受刑者は一年半あまりの刑期にもなる。誰だって住むところがあって生活できれば、刑務所には居たいとは思わないはずなのだ。

塀の中に日本の高齢化社会の負の面がそのまま持ち込まれ、ますます加速しているのが現実なのだ。福祉も含めて、官民協働でネットワークをつくる時代がきている。受け皿があれば人は変われる。

二つの家族が壊れたあの日

「あの日は友だちの誕生祝いだった。居酒屋に酒を飲みにいってケンカをはじめた友人の仲裁に入って巻き込まれた。いったんは家に戻ったけど、その後電話がかかってきて挑発されて出向く。相手が銃を持っていて、もみあって包丁で刺してしまって……それで相手は死亡。罪名は殺人で刑期一六年、後悔しています」

真一文字に結んだ唇、まっすぐに目をみて話をする龍受刑者（仮名）の表情から、硬派で力強い性格が伝わってくる。

双方酒が入っていての出来事だった。冷静さを取り戻したら死んだ相手はまだ二六歳と若く、また自分と同じように妻子がいて、長女と同じ三歳の息子があった。罪を犯した際の年齢は三二歳。仕事はイベント会社を経営する社長で社員は三人、売上げは五〇〇〇万円、自身の年収も一二〇〇万円あった。

謝罪文は公判中に五、六枚の便箋に綴って弁護士を通して渡してもらった。最初は拒否されたようだが、いまは読んでくれていると思うと彼は話す。弁償金四〇〇〇万円はすでに支払った。これは龍受刑者の貯金と、父親と友人からのカンパだったそうだ。

事件当時は長女が三歳で次女は生後四ヵ月だった。愛する妻とは刑期が長いこともあるし、殺人を犯したということで家族に降り掛かる火の粉を最小限にとどめたいということと、まだ若いから自由にしてほしいという気持ちもあって離婚した。だが、身元引受人にはなってもらってはいる。

上の子は面会に来たことがあるが、下の子は事件当時乳児で物心もついていなかったので知らせないままにしてある。少し前に妻が面会にやってきて、「幼稚園の父兄参観日にお父さんが来ないと娘が寂しがっていた」と涙を流しながら話す姿をみて、とても辛かったそうだ。さらに唇をかみしめ、涙をこらえながら話を続ける。

龍受刑者は父が中国残留孤児で母が中国人、一三歳の時に瀋陽（旧・奉天）から日本へ引き揚げてきた。祖父が北海道に住んでいるということもわかっていて、「俺は日本人」と幼い頃から思っていた。わたしはさまざまなところへ足を運ぶので、中国人、韓国人、ベトナム人など、同じ東洋人でもその違いがけっこう判別できる。が、彼の場合は言葉にもまったく不自由はなく、本人が言い出すまではまったく気づかなかった。きっと小さい頃から日本人という自覚を持っていたからなのだとも思う。

父は大きな会社を経営していたそうだが、反日教育もあって辛い日々もあった。中国では日本人ということで馬鹿にされ、やっと帰れた日本でも「アンタ中国人でしょ、チャイニーズは帰れ！」と日本語が話せないこともあって中学校でいじめられた。どちらの国でも根無し草のようで、心は荒《すさ》んでいたのだろうと想像できる。心が強くないとやっていけない。

高校へ入学したものの、荒んだ心は行動にも現れるようになって一年半で退学。二三歳のときに傷害と恐喝で、一年八ヵ月を川越少年刑務所で服役する（半年の仮釈放で出所）。

川越少年刑務所はA指標の初犯を収容する施設であるが、ここを出所すると彼は更生復帰の道を確実に歩む。イベント会社を設立して経営も順調で、愛する家族と幸せに暮らしていた。誇らしげに自分の会社の話をする龍受刑者に、かつての荒れていた時代のおもかげは見受けられない。

しかし順風満帆《じゅんぷうまんぱん》だった生活は、酒の勢いもあって、挑発に乗ってケンカをした顚末が殺人。築きあげてきたものが、一瞬で崩壊した。

「あの日、飲みに行かなければ、挑発に乗りさえしなければ、出かけなければ……」という後悔と懺悔《ざんげ》の日々を繰り返した。

「自分のせいで二つの家族が壊れた。被害者の家族と自分の家族。毎年命日には居室で正座してお祈りをしています。賠償金四〇〇〇万円を支払い、刑期一六年を刑務所で一生懸命に償っても、それで被害者への罪が済んだとは思っていません。まだ三年で、あと一三年と先は長い、出所したときに自分がどうなるかわからないけど、働いて、それ以上のものを被害者の家族へ支払おうと思ってます」

東京拘置所から二〇〇九年四月に横浜刑務所に移送されて、いままでに二〇〇冊の本を読んだ。中国語と日本語の本。会社経営の本を読んだりしながら、日本の難しい漢字もほぼ理解できるようになった。その他にも前の施設で簿記、韓国語、英語は英検も取得。横浜へ来て書道クラブに申し込んだが、まだ入所したばかりということで断られた。次回また申し込む予定だ。

現在は六人の共同室で生活しているが、上は六〇代で龍受刑者が一番若いそうだ。横浜刑務所の平均刑期は二年二ヵ月と短い。半年いれば三回転ぐらいのローテーションがあって、いろんな受刑者と話もする。「出所したら……」の間近な夢や楽しい話を聞くことも多々あるようだが、その中で長期受刑者は辛い立場にあるのは事実だ。

わたしは最後に、「楽しいことは何か？」と聞いてみた。

「楽しいということは何もない。話をして笑うことはあっても、心から笑っているわけではない。また、そういう立場にはないと思っています」

姿勢を正し、真一文字に結んだ唇から漏れる言葉は、やはり重い。「毎年、目標を決めて生活をしている」と言い切るのも、またそうしないと生きることさえ辛くなるからなのだ。

第３章　日本最大の刑務所（府中刑務所）

刑務作業・革製品づくり

電話をかける外国人受刑者

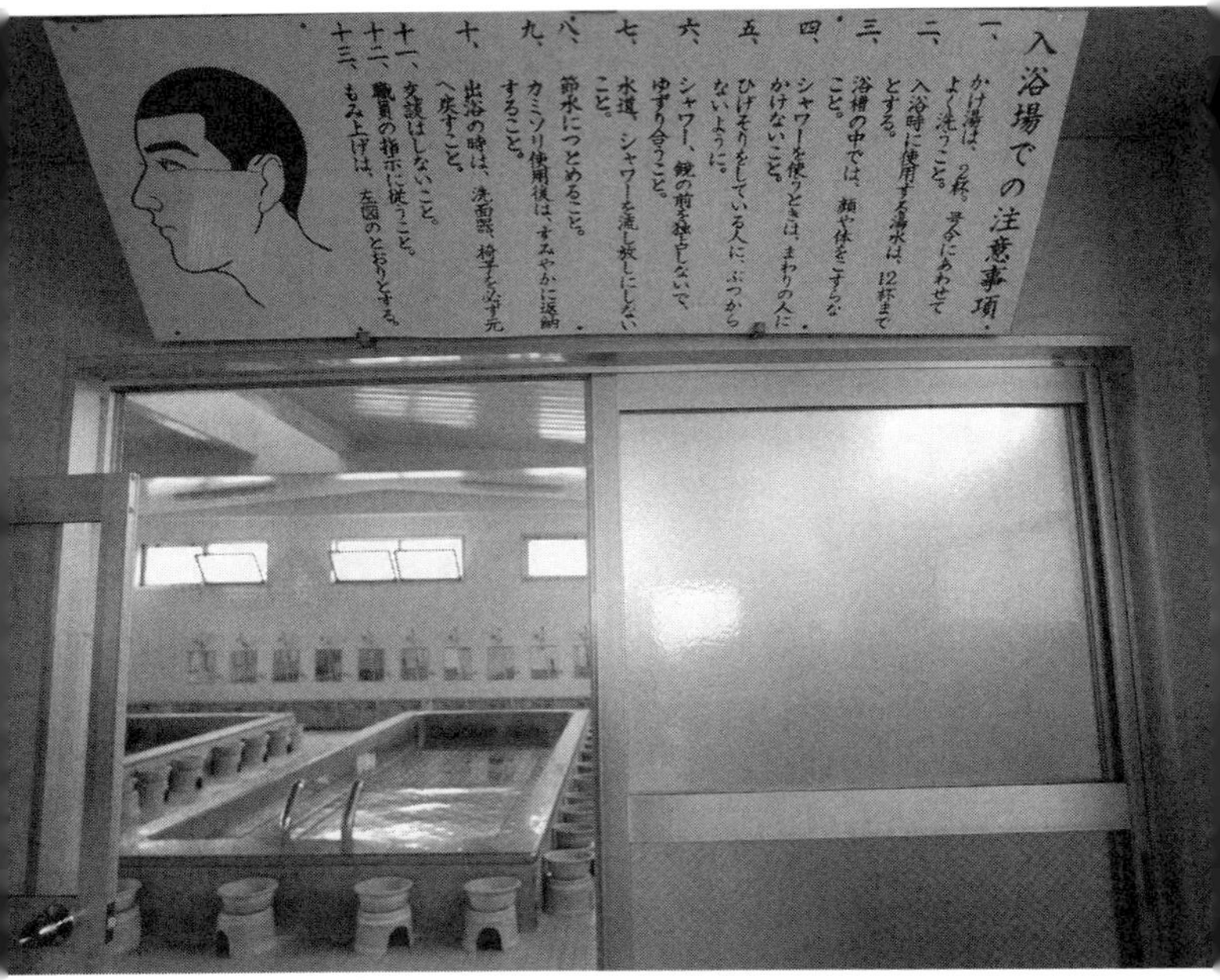
入浴場での注意事項
一、かけ湯は、2杯。号令にあわせてよく洗うこと。
二、入浴時に使用する湯水は、12杯までとする。
三、浴槽の中では、顔や体をこすらないこと。
四、シャワーを使うときは、まわりの人にかけないこと。
五、ひげそりをしている人に、ぶつからないように。
六、シャワー、鏡の前を独占しないで、ゆずり合うこと。
七、水道、シャワーを流し放しにしないこと。
八、節水につとめること。
九、カミソリ使用後は、すみやかに返納すること。
十、出浴の時は、洗面器、椅子を必ず元へ戻すこと。
十一、交談はしないこと。
十二、職員の指示に従うこと。
十三、もみ上げは、左図のとおりとする。

2名独居

近代自由刑のルーツ

日本最大の刑務所である府中刑務所の歴史をたどると、日本の近代自由刑のはじまりが見えてくる。自由刑とは、懲役・禁錮・拘留など、受刑者の自由を奪う刑罰を指す。

老中松平定信の命を受けて、火付盗賊改方・長谷川平蔵宣以《のぶため》が、隅田川河口に日本近代自由刑のルーツとされる「石川島人足寄場」を設置したのは一七九〇年（寛政二）のことだ。

江戸後期、日本近世史上で最大の「天明の大飢饉」（一七八二〜八八年）に見舞われた。東北地方は農作物の収穫が激減状態にあり、そこにまた岩木山と浅間山が噴火。飢饉は餓死者も生み出し、生活に困窮した農民たちは仕事や食糧を求めて村を捨て、江戸に大量に流れ込んでいく。

やがて食い扶持《ぶち》をみつけられないものが、盗みや犯罪に手を染めるようになり、人別帳のない身元不明の「無宿人」たちが増えていった。さらに諸藩で行われた追放刑が、浮浪無宿人が江戸に集中することに拍車をかけたのだった。

江戸の人口は膨れ上がり、幕府は治安維持のために無宿人の取り締まりを強化するが、犯罪はいっこうにあとを絶たない。余談だがそれは現代も同様で景気が悪くなれば犯罪は増える。

そこで登場するのが、小説やテレビドラマでも有名な「鬼平犯科帳」の主人公である火付盗賊改方・長谷川平蔵だ。彼は犯罪を減らすためには、自立した生活をさせることが必要として幕府に願い出る。そして軽罪人や無宿人たちの更生のため、手に職をつけさせる職業訓練施設「人足寄場」を石川島に設立するのだ。

徳川幕府は一七四二年（寛保二）に「公事方御定書」（御定書百箇条）を制して刑事政策の基本を定める。だが、まだ治安対策が思うようには進まず、その中で生まれたのが次の二つの試みだった。

①一七七八年（安永七）に鉱山役夫の制度を設け、江戸その他近国に徘徊する無宿の徒を捉えて、幕府経営の佐渡銀山に押送《おうそう》し、水替人足の苦役に服せしめた。
②一七九〇年には、江戸石川島に人足寄場を設けて、身体刑（入墨、たたき）に相当する軽罪の者と無宿の者とを収容した。

①は労働強制であったが、②は教化訓練、授職、更生を目的として、今日の自由刑のさきがけでもあった。

わたしは奈良少年刑務所で、実際に使用されていた奈良奉行所の「牢屋」をみているが、牢屋は閉じ込めることで刑罰とする。それとはまったく異なる意識を持った改善更生+社会復帰をさせるという、非常に先進的な施設の登場だった。

ネーミングだってそうだ。長谷川平蔵は施設の名称に牢屋や無宿などと入れてしまうと、世間のイメージが悪いし、本人たちの就職にも悪影響が出るとして進言、最終的には松平定信がその意を汲んで「人足寄場」と命名している。

これは二〇〇七年に開所された日本初の官民協働刑務所「美祢社会復帰促進センター」にも似る。こう考えてみるとじつに先駆的なのだ。

他にも無宿人たちの士気を鼓舞しやる気をおこさせるために心の教育も施す。石川島人足寄場開設三ヵ月後には最初の者が出所、それから毎年二〇〇人もが仕事先を斡旋《あっせん》されて更生復帰していく。やがて江戸の犯罪は減って、治安も回復していくのだった。

また、人足（受刑者）仕事（刑務作業）の売上げの八割を与え、社会復帰のために貯蓄（作業報奨金）させたともいわれる。古紙を漉《す》き直した再生紙はとても人気だったようだ。

大飢饉はある意味で、現代の大不況と同じといえる。わたしは二二〇年も前に、現代となんら変わりない自立支援施設があったことに改めて驚かされた。

この人足寄場が府中刑務所のルーツとなるのだ（表3-1）。

年　次	ルーツと歴史
1790 年（寛政 2）	老中松平定信の命を受け、火付盗賊改・長谷川平蔵宣以が隅田川河口に、日本の近代自由刑のルーツとされる“石川島人足寄場”を設置した
1895 年（明治 28）	石川島から北豊島郡西巣鴨村（現在の豊島区東池袋）に移転。「警視庁監獄巣鴨支所」と改称
1897 年（明治 30）	「巣鴨監獄署」と改称
1903 年（明治 36）	司法省の管轄となり「巣鴨監獄」と改称
1922 年（大正 11）10 月	官制改正により「巣鴨刑務所」と改名
1923 年（大正 12）9 月	関東大震災で建物が倒壊したことなどを契機に移転問題が生じる
1924 年（大正 13）	現在地（当時は北多摩郡府中町）において新営工事をはじめる
1935 年（昭和 10）6 月	新営工事が完成し、「府中刑務所」開設。累犯受刑者で更生改善困難な者を収容する
1968 年（昭和 43）	組織規程の改正により、八王子拘置支所を管轄する
1972 年（昭和 47）	受刑者分類規程により、B 級受刑者と F 級受刑者（在日アメリカ軍関係者を除いた外国人）を収容する施設となる
1986 年（昭和 61）	現在地において全面改装工事（10 年計画）に着手
1992 年（平成 4）	外国人収容棟竣工
1995 年（平成 7）4 月	外国人被収容者の増加に伴い、国際対策室が新設される （大阪刑務所には 97 年 4 月設置）
1999 年（平成 11）3 月	新庁舎竣工
2009 年（平成 21）9 月	同年 4 月の「立川拘置所」開設に伴い、「八王子拘置支所」廃庁

表 3 - 1　府中刑務所の歴史

累犯施設と初犯施設は違う

日本最大規模を誇る府中刑務所は、B指標受刑者（犯罪傾向が進んでいる者）と、Fと呼ばれる外国人受刑者を収容する施設である。

B受刑者とは累犯と呼ばれる犯罪を繰り返している者であり、暴力団関係者、覚醒剤事犯者、アルコール依存、放浪癖のある者など更生意欲に乏しく、処遇が困難であるものが多いという問題がある（暴力団関係者はその半数近くにも及ぶ）。一方外国人受刑者は年々増加し、多国籍化が進んでいる。

過剰収容のため刑務所がパンクすると叫ばれた二〇〇二年から〇三年頃と比べると、新法が施行されたことや、大型の官民協働刑務所も開設されたことで一見過剰収容も落ち着いたように見えた。だからこそわたしはその実情を確認したいと二〇〇三年から五年ぶりの〇八年五月に再訪した。だがそのときでも、累犯施設である府中刑務所では日本人約二五〇〇名、外国人約五二〇名でトータル三〇〇〇名を超え、約一〇八％という過剰収容は続いていた（表3–2）。

「五年前と過剰収容はまったく変わっていません、本省が（落ち着いたと）そう言うだけです……」と、担当官もうなずいた。

	2003年7月取材	2008年4月取材
日本人受刑者	2454名	2534名
外国人受刑者	555名	523名
収容率	約115%→約105% ※集団室を改装して居室にした	約108% （09年1月／約109%）
平均年齢：日本人	45.6歳	46.4歳（最高84歳）
〃　：外国人	36.7歳	37歳（21—72歳）
平均入所回数：日本人	4.5回	4.3回
〃　：外国人	99%初犯	99%初犯
平均刑期：日本人	2.7年	2.7年
〃　：外国人	5.5年（4分の1が8年超）	6.7年
職員	550名	560名
受刑者国籍・使用言語数	46ヵ国・33言語	46ヵ国・38言語
刑務所対応言語数		通訳19言語／翻訳30言語
外国人受刑者国籍	中国、イランの順	3割が中国人
国際対策室・室員数	14名	15名
外国人処遇係・人員数	6名	6名

表3-2 府中刑務所の状況

さまざまな施設を取材してきたからわかるのだが、累犯施設と初犯施設はまったくちがう。美祢社会復帰促進センターはじめ新設された官民協働刑務所はすべて、限りなく更生に近いスーパーAやAのみ、もちろん日本人という規定がある（一部を除く）。だからこそ後述するが、美祢のようなところでは、初犯者に対して「再犯ゼロ」を目指せるともいえるのだ。

再犯者の六〜七割が、その後も犯罪を重ねていくというデータがあるが、府中や横浜刑務所のようなB受刑者を収容する施設では、受刑者の平均入所回数は四〜五回、平均年齢は四〇代半ばを過ぎる。成人してからの人生は、刑務所で暮らすほうが長いという累犯者にあっては、新設刑務所の恩恵を受けるということはなかったのだ。

「うちにはまったく関係ない」とはB施設の刑務官や受刑者から聞こえてくる言葉だが、Bの累犯施設とAの初犯施設は分けて考えることが必要であり、そのうえでの処遇や施設づくりが大切なのだ。もっとも二〇〇九年に入って、数値的には男子施設（A＋Bのトータル）の平均収容率は一〇〇％を割ったということで、過剰収容から高率収容に移ったという言い方もされている。

塀の中の国際対策室

近年の過剰収容の原因の一つが来日外国人による犯罪件数の増加だった。そこでこの府中の章では外国人受刑者を中心にとりあげることにしたい。

刑務所取材歴二〇年にもなると、「外国人は府中」といわれた時代をわたしは耳にしている。一九八〇年代のことだ。

これはつまり府中にしか収容されていなかったということで、当時は外国人犯罪も少なかったことを意味する。近年をみても一九九二年に新しく外国人収容棟ができたが、まだ二七六名しか外国人受刑者はいなかったのだ。それがその後の国際化とともに、来日外国人による犯罪も急増していく。

府中が外国人を収容する施設となったのは、一九七二年（昭和四七）のことだ。当初の収容者は二一名だった。その後七八年には外国人の処遇をする〝外人班〟ができた。

急増したのは一九九〇年代に入ってからだ。九二年の二七六名から、二年後の九四年末には四四五名に増加したのだ。

一九九五年四月にその対策として、前記の外人班に加えて府中刑務所にはじめて、外国語の通訳、翻訳を担当する国際対策室が設置されたが、その年の一一月には外国人の受刑者が五〇〇名を突破する。ついには府中の一施設だけでは支えきれなくなって、まず西は大阪刑務所へ収容。しかし、あっという間に横浜、名古屋、福島、札幌にも外国人が収容されるようになる。少しでも日本語が話せる外国人は新Fとも呼ばれ、府中や後に国際対策室ができる大阪刑務所以外の施設に収容されるようになった。

その後二〇〇二年には全国で五〇〇〇名を超えた。府中に外国人収容棟ができてから、わずか一〇年で約二〇倍にもなったのだ。

刑務所の国際化はすなわち日本の国際化と時期を同じくしている。外国人受刑者が五〇〇名をはじめて突破した一九九五年の外国人入国者数は約三七三万人、それが一〇倍の五〇〇〇名に膨れ上がった二〇〇三年には約五七七万人、そして府中刑務所で最高の五八〇名という被収容者を抱えた二〇〇六年には、約八一〇万人と、一〇年前の入国者数の二倍以上にもなっているのだった。

外国人受刑者が増えた理由

「外国人受刑者が増大した原因は、日本が不況になって彼らの仕事がなくなったからです」

府中刑務所で年間一〇〇〇件の外国人受刑者と面接（教示願い）をするという、処遇部・外国人処遇係のエキスパート・谷澤正次教育専門官は語ってくれた（二〇〇九年より教育部〔日本人〕へ異動）。

バブルがはじけても一九九六〜九七年頃は、まだまだ自分たちの仕事は大丈夫、日本人は3K（キツイ、汚い、危険）の仕事はしないからと話をしていた外国人たち。

そのうちに彼らの仕事が本当になくなって、工事現場からイラン人の姿が消えた。中国人はそれでもまだ日本は大丈夫と話していたが、その後イラン人の自由渡航がなくなって、外国人受刑者のトップだったイラン人と中国人の数が逆転する。その後いよいよドン底に来て、蛇頭《じゃとう》など中国マフィアの台頭もあって凶悪な事件が起こるようになったのだと分析してくれた。日本人が嫌がる仕事をやれば外国人は飯が食えた時代は終わった。

しかし、「日本人は3K、4Kしないから、田舎にいけばまだまだ仕事がある」と、フィリピン人で面会にきた妻が夫に話していたそうだ（妻は地方で住込み）。日本人には非常に痛い、考えさせられる言葉だ。

二〇〇八年からの世界大不況にあっては、失職して母国へ帰らざるを得ない外国人たちがますます増えている。かつてのように外国人犯罪の際立つ変化はなく沈静化しているが、塀の中の不況の影響——受刑者の増大——は、世間より遅れてやってくるのが通常だ。

また一方でインドネシアやベトナムからやってきて、日本で賃金が安く人手不足とされる介護現場で働きながら、厳しい資格を取得しようとがんばる外国人たちもいる。

日本は国際化により、さまざまな意味で多国籍化＋多様化してきた。

これは余談だが非常に興味深い事実がある。谷澤教育専門官が府中へ異動になった一九九二年には、現在とは異なる戦後のＧＨＱ時代のなごりの、すべてベッドが完備された特別扱いの外国人棟がまだあった。戦後四七年たっているのにと考えると驚きだが、その習慣は続いていて、当時は外国人はすべて優遇されていたそうだ。

たとえば日本人とは別に外人レクリエーション、外人入浴・シャワー、外人ソックス、外人湯たんぽ、なんと整髪剤のグリースや芳香剤8×4の支給や特別購入もすることができた。いまでは日本人と一緒というなんでもないことが、まるで日本人を差別するかのように一九九二年には残っていた。この事実からは日本がアメリカに敗れ、占領下にあった時代が垣間見えてくる。

ここで谷澤教育専門官は、「外国人に必要なのは配慮であって、日本人と異なった処遇をする必要はない」と強く思った。そして一九九七年に外国人入浴場が工事で使えなくなった際に、「これはチャンス」とばかり「大丈夫です、一緒に使わせてください」と申し出て日本人の入浴場を使用させてもらった。きちんと外国人受刑者に説明したらOKで、問題はまったくなかった。というわけで、それ以降はそのまま日本人と一緒の現状になったそうだ。

塀の中から電話をかける

「三年ぶりに家族と電話しました！　涙出たけど、オカアサン悲しくならないように、元気出した。自分の国に帰ったら働いて、早く結婚して子どももほしいです」

これは覚せい剤取締法違反で服役し、出所間近に母国へ電話をした三〇歳のイラン人受刑者の言葉だ。

塀の中から受刑者が電話をかける（99ページ写真）。長年刑務所を取材しているわたしにとっては信じられない光景だ。わたしはまるで外国映画の一シーンだと熱く感じながら、府中刑務所のその光景を撮影していた。二〇〇八年五月の取材時には府中刑務所ではすでに二八人、外国人受刑者では三人が塀の中から電話をかけていたのだ。しかしここはB刑務所だ。

これは約一〇〇年続いた旧監獄法が、二〇〇六年五月に新法に生まれ変わり可能になった制限の緩和の一つだ。もちろん制限区分（更生の意欲、生活態度、社会生活に適応する能力などに応じて第一種から第四種まで分かれている。第一種がいちばん制限が少ない）が第二種以上であることや、仮釈放間近で社会復帰に効果的処遇と認められた場合に限ってのことではある。

じつはこの時期はまだA施設でさえも、電話を使用したと聞くことはなかった。Aの少年施設でさえも、「うちには該当者がいません」と聞いた。

また、当時は新法のさまざまな制限の緩和などによってもたらされる変化と事務処理の増大が、過剰収容下でいっそう職員の負担に拍車をかけていた。

こういう状況下でどこの施設が最初にシステムを構築し、施行するかと噂されたが、まさかB施設、累犯受刑者を収容する府中刑務所で、ましてや煩雑な手間が必要な外国人までもすでに実施されているのには驚かされた。

じつは二〇〇三年に最初に訪れた際にも同じような驚きがあった。それは国際対策室の面会通訳室へ足を運んだときのことだ。「面会同時通訳システム」といって、当時は東京拘置所ともモニターと音声がオンラインでつながっていて、国際対策室の語学のスペシャリスト職員が府中にいながら東京拘置所や栃木刑務所の外国人受刑者の面会通訳をしていたのだ。その様子も写真に納めているが、面会においては暗号などをとりかわすおそれもなきにしもあらずで、もともと情報がない中でその背景までを汲み取る洞察力が必要になり、「通訳としての優秀さ以上に経験がとても重要」だと聞いた。さすがにヘッドクォーターの府中刑務所、と非常事態にあって頼もしく感じたものだ。

ところでイラン人受刑者が電話をかける手順は次のようなものだ。まず受刑者が一〇〇〇円の決められたテレフォンカードを購入。次にペルシャ語のスペシャリストとして有名な処遇部・外国人処遇係の村上裕《ひろし》法務教官が、電話を先方に直接かける。村上教官が相手先を確認してから本人と替わる。

一〇〇〇円のテレフォンカードでイランだと一三分、中国だと二三分ほど話せるそうだ。もちろん話の内容はすべてチェックされる。別室では、その受刑者の会話の内容を国際対策室の職員が聞いているという具合に、連携して対応していた。電話の場合、特に外国人については付き添う刑務官も含めて少なくとも三人の職員が必要になる。

涙をためながらも笑みを浮かべて母と会話する受刑者の様子に、いつもは固い表情の村上法務教官の顔もほころんだ。

移送条約は特効薬になるのか

一九九五年に設置された国際対策室には、一五人の職員と非常勤スタッフがいて一九言語の通訳が可能で、三〇言語の翻訳に対応できる。ここには東日本全域、札幌、仙台、東京矯正管区内の刑務所や拘置所から、文書や書信（手紙）の発着の翻訳依頼が殺到する。府中二万七〇〇〇件で他施設二万二〇〇〇件、年間で五万件ぐらいの翻訳をしているという。府中は外国人処遇の実績とノウハウではトップをいく基幹施設でもある。

新法の施行は職員負担の軽減になるとされたが、実際は各施設に翻訳費用がついたものの、よりバリエーションも増えて業務が増えた（稀少言語が増加）。

国際対策室に行くと、さまざまな言語で書かれた手紙はもちろん小包などが山のように積まれていた。

「困ったときの府中頼み」とは他の刑務所でよく聞く言葉だが、増え続ける外国人受刑者の対応に、職員が少なすぎるという話がここでも出た。

ところで「外国人受刑者は自国のプログラムで矯正されるべき」との「国際受刑者移送条約」が締結されたのは二〇〇三年六月一日のことだ。

とっさにわたしは計算してほくそ笑んだ。「外国人すべてに母国へ帰ってもらって刑を受けてもらおう、そうすれば五〇〇〇人減って、それは府中と大阪刑務所の収容数に匹敵する。すばらしい過剰収容対策だ！」と。だがそれには、本人の同意が必要とあった。

わたしは一九九四年にまだまだ危険なインドシナ一万キロを、小型バイクで旅している。カンボジアでは威嚇射撃され、ラオスではゲリラにも出遭《であ》った。その後ミャンマーのゴールデントライアングルを中国側に進んで〝黄金の四角地帯〟と記された危うい秘境にも足を運んでいる。発展途上の国や地域にあっては一〇ドル、二〇ドルでさえ高額であることを体感している。刑務作業で得る作業報奨金が日本人にとっては微々たるものでも、彼らにとっては高額なのである。

当時、府中刑務所では八ヵ国語（北京語、英語、ペルシャ語、スペイン語、フランス語、ポルトガル語、韓国語、タイ語）で告知放送アンケートしたところ、帰りたいという申し出は半数だった。なぜなら実際には二〇〇三年には七三％がアジア人の受刑者であり、アジアで移送条約に加盟しているのは日本だけだったのだ（その後韓国が条約に加盟）。

二〇〇八年五月までに日本全国で約一〇〇人が移送条約にのっとって、母国で刑を受けている。ちなみに全受刑者の約三割を占める中国とは、二〇〇六年の日中法相会談でようやく、移送条約の締結交渉に合意したというのが実情だ。

「一〇〇名のうち五割が府中から出ている。イギリス、米国、オランダ、カナダ、韓国など。逆に日本に帰ってきたのは二名です」とは処遇首席の言葉だ。だが四分の三を占めるアジア系受刑者は韓国を除き、その条約の適用範囲内にはない。すでに中国人の再犯者も現れはじめているのが現実だ。

最近の傾向としては、韓国の受刑者は条約締結後、日本とシステムが変わらないようなので同意して母国へ戻った者もいるが、日本の刑務所の清潔さ、安全性、作業報奨金などを考えると、中国を含む他のアジアは？　という直接的な疑問もある。

中国の移送条約がこれからどうなるかが懸念されるが、外国人の場合はドラッグの大量所持（運び屋）や殺人などで平均の刑期が六・七年と日本人（二・七年）より四年も長い。したがってがんばれば作業報奨金も高くなり、一ヵ月に一万五〇〇〇円ぐらい稼ぐ受刑者もいる。

府中刑務所の日本人受刑者の平均刑期は二・七年、日本人にとっての作業報奨金など微々たるもので、その時間をガマンすればいいと考える者もいる。一方、外国人たちは、熟練した職人を目指し努力していく者も多い。

外国人処遇係は異国の地で長期の刑に服す受刑者たちに、「がんばって働けば、見返りも十分あるし、家族にも送金できる」そういって叱咤激励する。出所の際に五〇万、一〇〇万円と持って帰る者もいるそうだ。

基本的には教科指導や改善指導については、外国人は対象外となる。とはいえ平均年齢も日本人より一〇歳近く若く、多くは不法就労で来ているので、若くて働ける人間がほとんどだ。日本での刑務作業は国に帰っても実績になる。これまでにも自動車整備や溶接などの証明書を、外国の機関から依頼されて発行している。外国人には刑務作業が職業訓練になっているのだ。

一九歳の少年受刑者との交換日記

大学ノートの日記帳は左ページがミン（仮名）、右が田中看守部長（仮名）のページだ。中国語でびっしり書かれた文字、あるときはミンが絵も描いている。

これは、わたしが二〇〇三年にたずねたときに見せてもらった一九歳の少年（罪名は殺人、刑期一〇年）と田中看守部長の交換日記だ。

中国東北部の田舎の少年が東京拘置所から移送されてきたとき、胸には大事に紙飛行機を抱え「これに乗って帰る」と誰にも触らせなかった。あまりの恐怖のために部屋から一歩も出られずに、ペンギン歩きで幼児退行が進んでいた。

外国もはじめてで自国の大都会も知らずに突然日本にやってきて、すぐに罪を犯して送られたのが東京拘置所だった。

二〇歳未満の少年には、刑期に上限と下限がある不定期刑が言い渡され、教科指導、職業訓練などを受けることが多い。府中刑務所でミンの担当になった田中看守部長は、入浴時に声をかけた。

「服脱ぎな、洗ってやるから」。風呂にもずっと入らずに、体臭が染み付いた少年と一緒に風呂場に入って身体を洗ってやる。それからも時間をみつけると外に連れ出して、花の匂いや、鳥のさえずりを一緒に聞いてそっと寄り添った。

一ヵ月くらいすると次第に少年の心がほぐれてきて、〝心情の安定〟を得るようになった。田中看守部長がいないと上司が探したら、二時間も一緒に庭に出ていたこともあったという話も聞いた。しばらくしてから、「交換日記をやってみるか?」と聞いたら、「すごくやりたい」と少年は答えて、それから毎日二人は交換日記をはじめた。そんな現場を当時わたしは見ている。

二〇〇八年に再訪した際には、二四歳になったミンは少年から青年へ成長し、何より表情も雰囲気も晴れやか。すでに模範囚となって、図書工場で進んで立ち仕事をして明るく元気に働き、月に一万円以上の作業報奨金を得ていた。人が人を育むとわたしは思う。

田中看守部長は、高校時代に中国語に興味を持ち、大学は中国の田舎・河北省へ留学していた。

「テレビで谷澤教育専門官の姿を見て、中国語でしゃべるのが好きな僕は、自分の行くべき道を発見した。いまは看守部長になって昼間だけの舎房（居室）の担当になったが、本当は夜五時以降の舎房のほうが、人間性が出て、その人物がわかるからおもしろい」と当時聞いた。

わたしは当時彼らが休みも削って働いているのに、本当に嬉しそうに処遇をしていると感じていた。他にも、増え続ける外国人対策のために半年間法務省のペルシャ語の研修を受けた村上法務教官。その後は独学を続け、いまや制服を着たナンバーワンのペルシャ語通訳と言われる。

いい上司に恵まれたと話す田中看守部長は、この経験を元に希望の在中国日本大使館の勤務に移っていった。

心が通う処遇

「自分の能力を生かせる、やりがいがあります！」と、と生き生きと奔走しているのは英語担当の渡辺看守だ。

休みだって四週間で五日間しかとらず、年休もほとんど使っていない。これは五年前（二〇〇三年）とちっとも変わっていない。どうしてここまでできるのか？　とさえ感じる。休みがないのは大いに不満だと前置きをしながらも、言葉が話せることでスムーズに処遇ができて、自分が必要とされているとの実感がある、と語る。

「こういってるんだよ」「こうしているから、こうなるんだよ」

「怒られたら、ごめんなさいというんだよ」

「間違えたら、ごめんなさいというんだよ」「わからないことがあったら自分の所に来なさい」という、そこまでもっていければ九割、渡辺看守の処遇はうまくいくのだそうだ。

「日本の国は地球の中の一つ、日本の法律に従って外国人を刑務所に収容したわけだから、矯正教育という責任をきちんと負うべきです。外国人をどのように処遇できるかが、日本の国際化を計る一つの基準となる。刑務所は人が人を管理する場であり、心に響く処遇を心がけています」とはさすが谷澤教育専門官率いる処遇部外国人係だ。人がまさに人を育んでいく。

ここには江戸後期の近代自由刑の先駆者となった長谷川平蔵のように、「信念を持って仕事に生きる」教育専門官がいた。

第４章　女子刑務所（東の栃木刑務所・西の和歌山刑務所）

刑務作業（栃木刑務所）

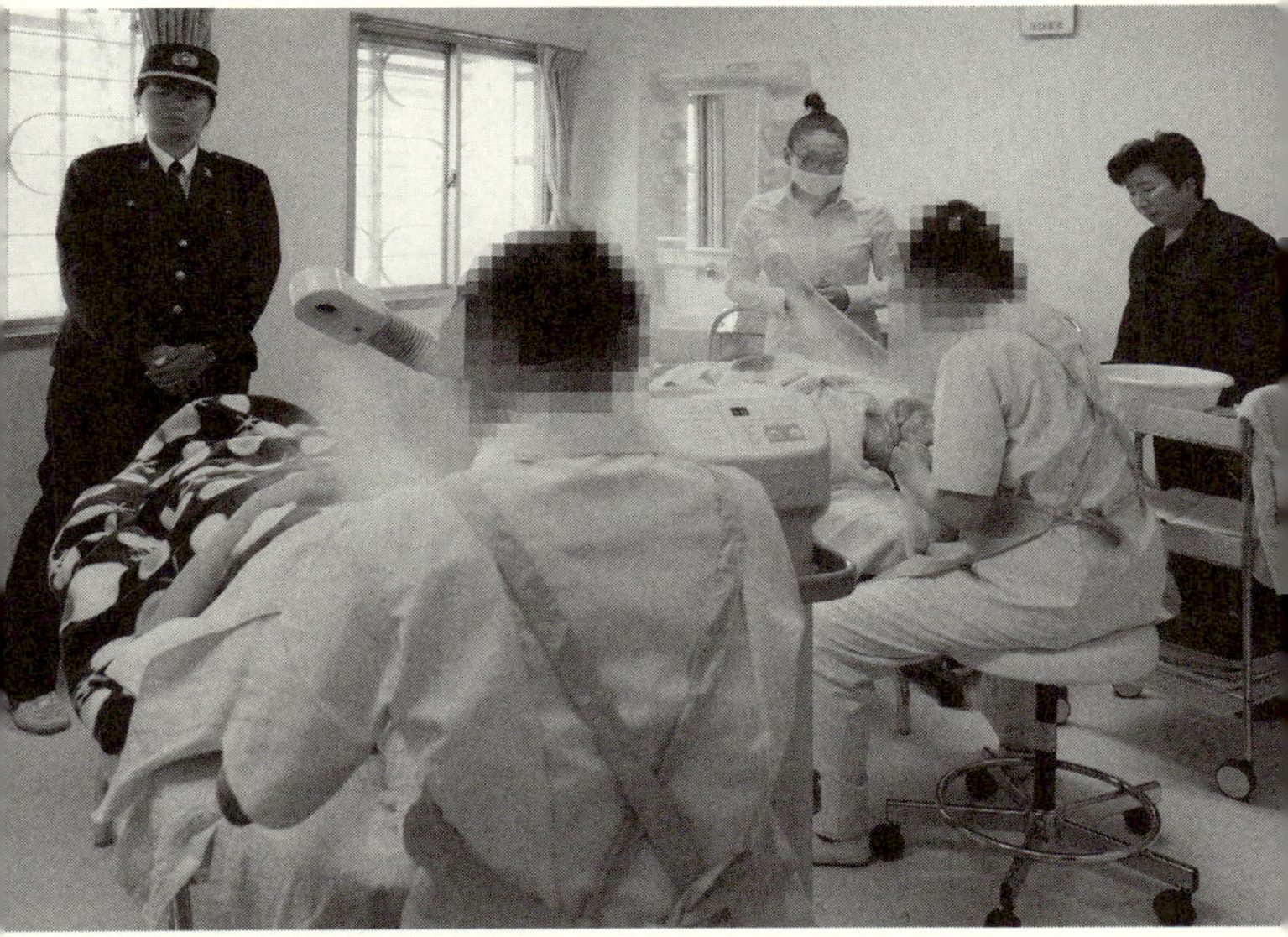

エステティシャンの職業訓練（栃木刑務所）

就寝前の自由時間（栃木刑務所）

育児室（栃木刑務所、1989年）
※いまは過剰収容のため、この部屋は共同室になっている

和歌山刑務所

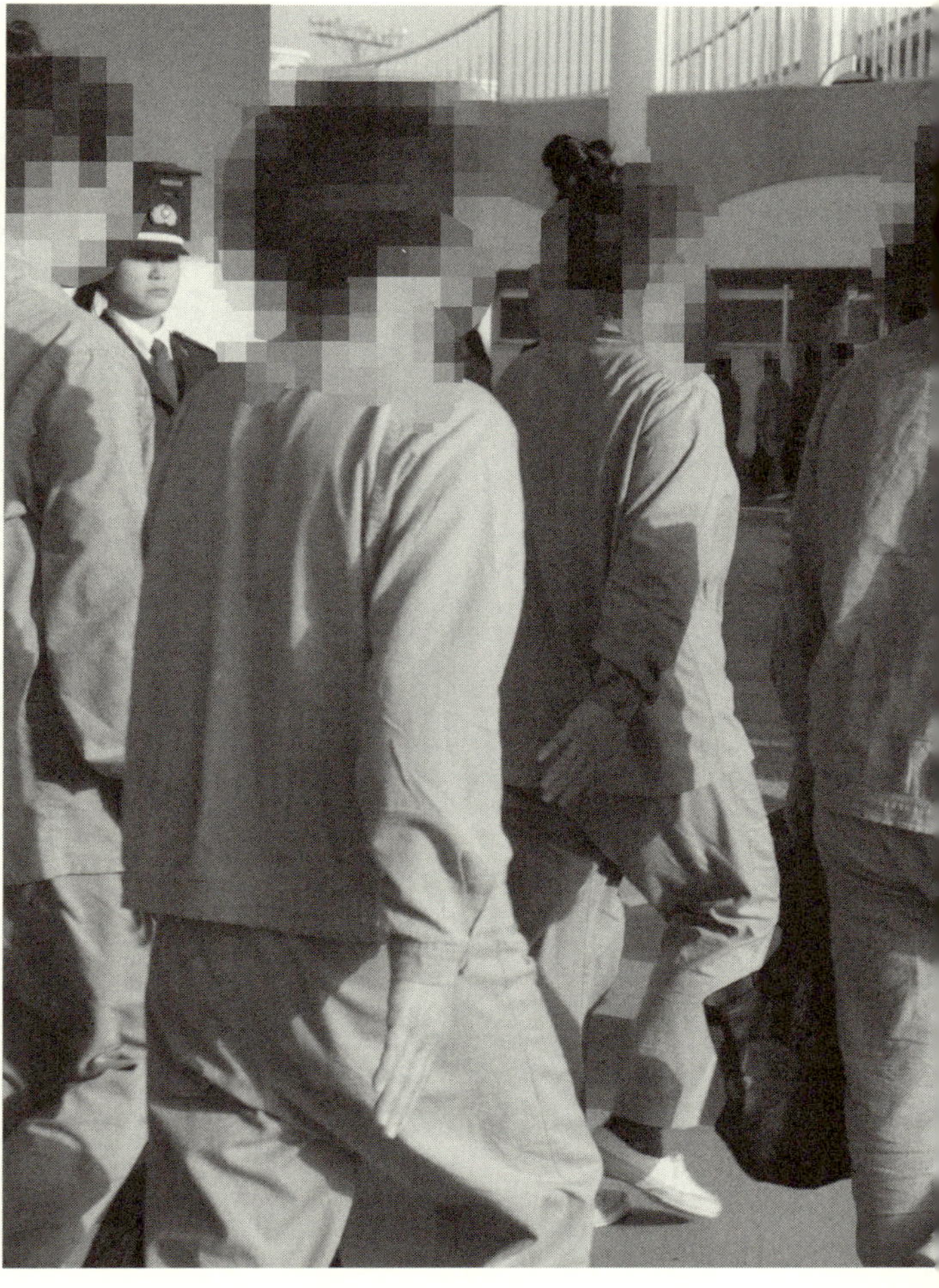

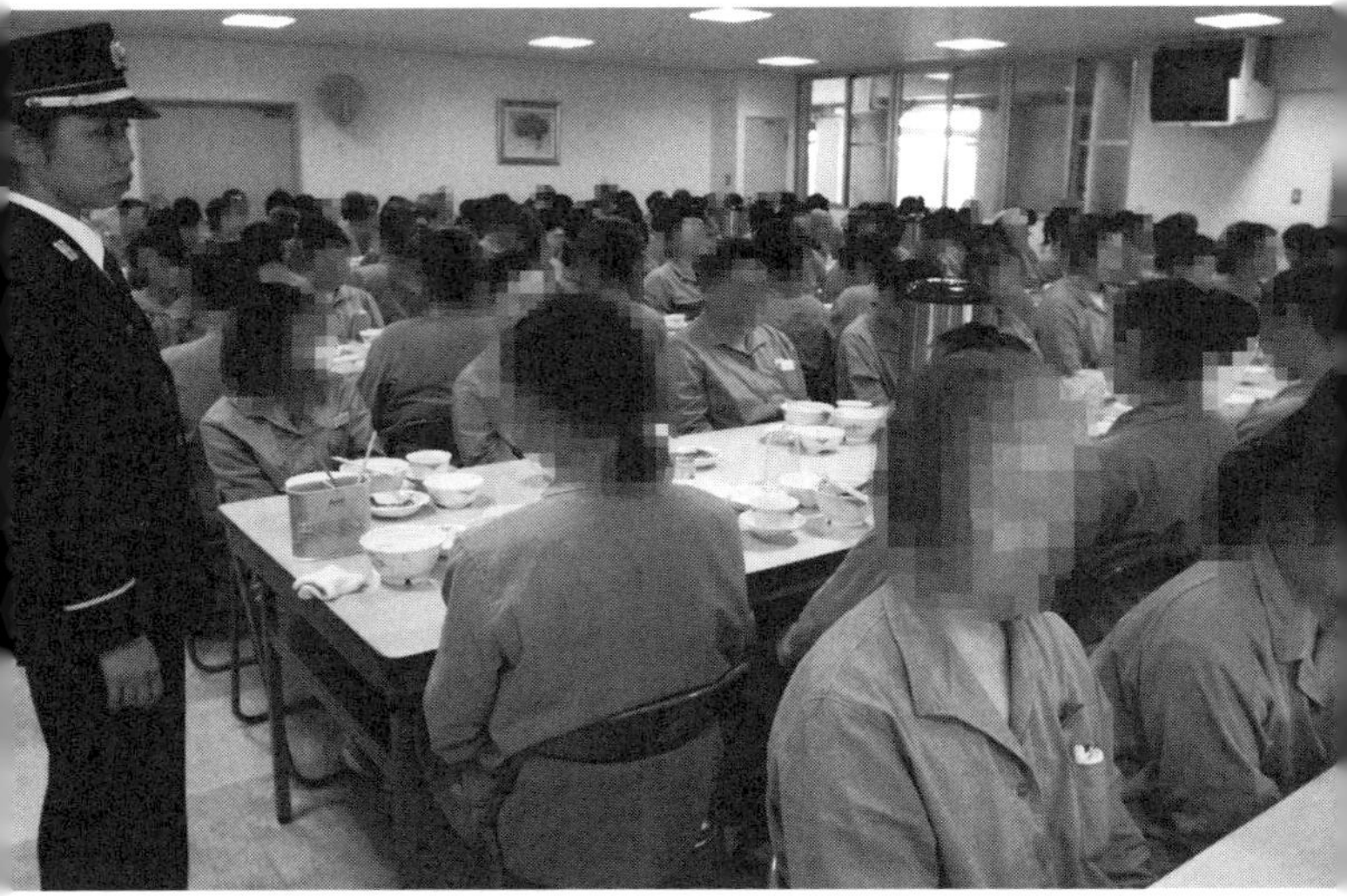

和歌山刑務所

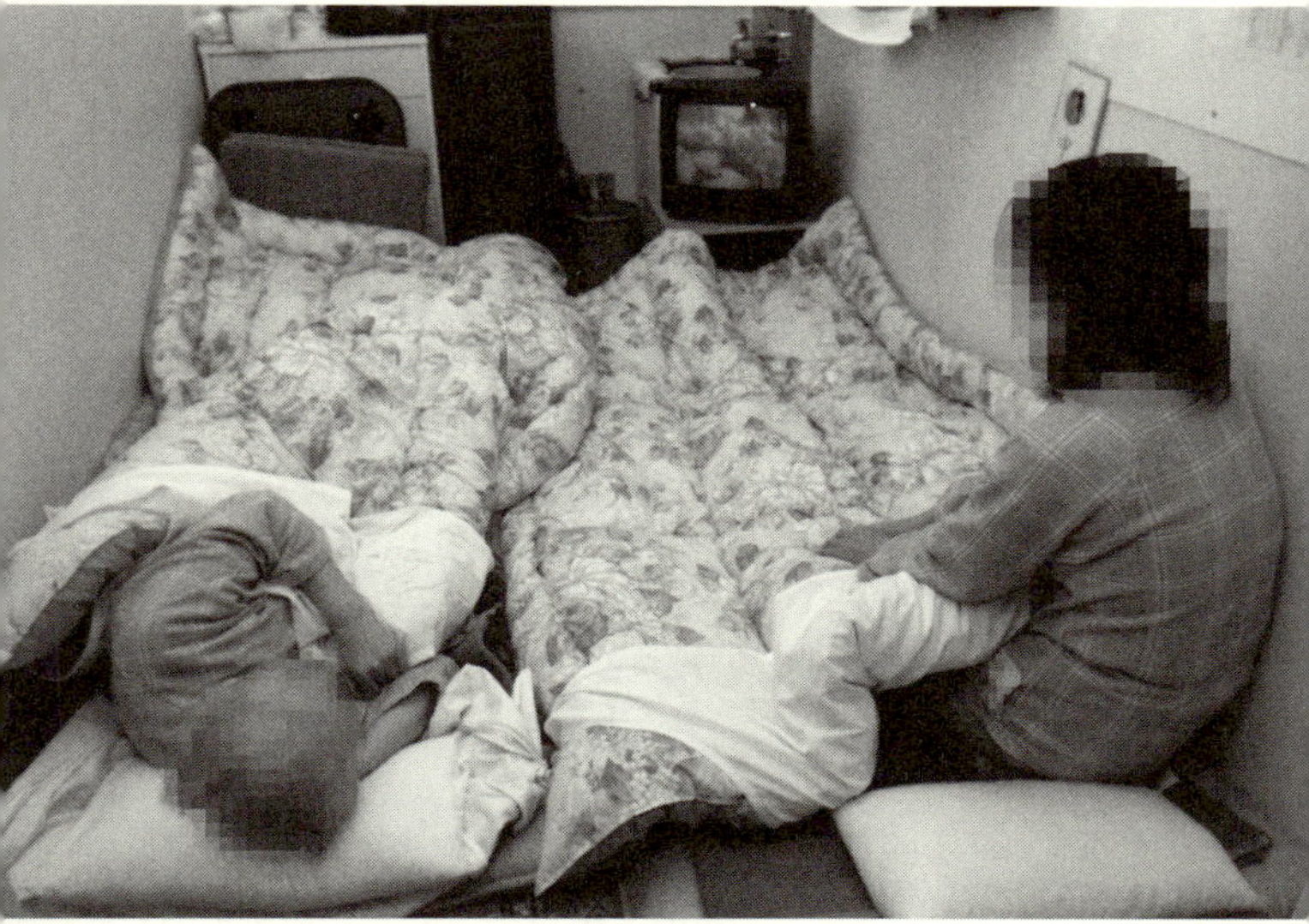

2 名独居（和歌山刑務所）

和歌山刑務所

和歌山刑務所

増加著しい女子受刑者

女子刑務所は男子に比べても過剰収容の問題は深刻だ。二〇〇九年末でも既決の平均収容率は一一四%を超えている(男子は八九・七%)。

受刑者がストレスを感じるのは当然で、居室でケンカも増えるし、刑務官も超過勤務でもっと疲れる。二十四時間三百六十五日、人が人を管理するのが刑務所なのだ。

全国に女子受刑者を収容する施設は、「栃木刑務所」「和歌山刑務所」「笠松刑務所」「岩国刑務所」「麓刑務所」「福島刑務支所」「札幌刑務支所」「美祢《みね》社会復帰促進センター」と八ヵ所あって、二〇〇九年末の既決の収容現員は四三四八名(刑事施設全体では五二一二名)で、いま述べたように収容率は一一四%を超えている。

これは戦後最低の一九七四年(昭和四九)にはわずか八一一名だった女子受刑者が、九六年には一八〇九名、九八年に二〇〇〇名を超しいっきに加速したことによる。そして二〇〇六年末には近年最高の四四五二名となった。

そもそも女子は犯罪が少ないものとされていたので、もちろん刑務所の数も少なかった。二〇〇五年までは女子刑務所は五ヵ所、札幌刑務支所を含めても六ヵ所しかなかった。だから、男子刑務所のようにまずAとB(初犯と累犯)で施設を分けるようなことはしない。分類の異なる受刑者が混在して収容されているのが実情だ。

昭和三五年版（一九六〇）の犯罪白書によると、「欧米諸国と比較すると、戦時中は犯罪率の高い青壮年の男子が多数召集されるため女子の犯罪も増えるのが普通だが、日本では戦時下においても少ない」とドイツと比べている。

また戦後の混乱期の一九五〇年（昭和二五）には、一日の平均収容人数が男女合計で一〇万三一七〇名と過去最大に激増した。もちろん戦争未亡人が多数にのぼり、生活に困窮する女性たちが増大したのだが、それでも女子の割合は男子と比べて増加していない。戦後の動乱の一時期の四八年だけ女子犯罪が一五％前後にのぼるときはあるが、その大部分は食糧管理法違反という生活費を得るための米のカツギ屋などであった。これはその時代の日本女性の、つつましさや生命力に起因していると考えられる。これも一種の「貧困型犯罪」といえるだろう。

一九六〇年代半ばから七〇年代にかけて、経済の高度成長時代に入り社会が安定していく。六八年には当時の西ドイツを抜きＧＮＰが米国に次いで世界第二位となる。この時期は女子の犯罪は少なく、多くは交通関係業過（＝業務上過失。道路上の交通事故に関わるもの）で、それを除くと窃盗となる。

一方で売春事犯や薬物事犯が増加するが、これは主に暴力団に関連する者が大部分を占めている。

一九七三年のオイルショックは、日本経済に大きな打撃を与えて物価は高騰し混乱をもたらす。そこから波及した騒動にトイレットペーパーや洗剤の買占めがあるが、庶民がこぞって店に並び必死に購入する様子を、いまもわたしは鮮明に覚えている。そしてこの頃から娯楽施設は急増し、第三次産業の就業人口比率も七九年には五〇%を超えて、女子の犯罪がそれにつれて目立ちはじめるのである。

当時の罪名のトップは、窃盗が交通関係業過を除いて刑法犯の八〇〜九〇%を占め、その多くがスーパーマーケットや小売店などでの窃盗罪だった。また同じく少年犯罪も増加している。

戦後混乱期の「貧困型犯罪」から、「遊び型犯罪」へ移行し、時代を取り巻く環境によって犯罪の質も大きく変化していくのだ。子捨てや子殺し事件なども増える。

一九七〇年代の終わりからは覚醒剤の濫用が増えていくのだが、八〇年代に入ると犯罪に占める女子・少年の比率はさらに上昇し、性の逸脱行動暴行事件などの粗暴化傾向が目立つようになる。

日本の雇用労働者全体に対する女性の比率がはじめて三分の一を超えたのは一九七八年(昭和五三)のことだが、同時に一一年ぶりに女子の受刑者は一〇〇〇名を上回った。

今日の女子犯罪が増えた大きな要因の一つには、「女性の社会進出やグローバル化による生活の多様化」があげられる。言い方を変えれば、専業主婦で家に籠《こも》っていれば行動半径も小さく、犯罪に手を染める出合いや危険が少なかったといえる。

女子の社会進出と犯罪増加の関連を問われたのはこの時代からだ。

平成四年版（一九九二）の犯罪白書によると、受刑に至った理由（複数回答）を受刑者の回答率の高い順に見ると、①薬物に手を出した（五三・〇％）②やけをおこした（四六・五％）③生活が苦しい③怠け癖がついた（共に三七・三％）⑤悪い仲間に誘われた（二八・一％）の順。さらに「異性関係に失敗して」という理由が二四・三％で、女子は男子の一一・六％の約二倍を示している。

まず一九八九年（平成元）に、わたしがはじめて栃木刑務所を取材した当時を振り返ることからはじめることにしたい。

受刑者と幼子

母に抱かれた乳児が笑う。そこにはベビーベッドがあって、そばには優しく微笑む母と刑務官の姿がある。あまりに無邪気にカメラに笑う幼子が愛しかった。専門用語では「携帯乳児」といわれるが、わたしにとってとても貴重な一枚の写真だ（127ページ）。

一九八九年の栃木刑務所の素朴でのどかな取材風景を振り返ると、当時は庁舎の正門の前には道路がなく、田んぼに入って刑務所の看板を撮影した思い出もある。まわりに店もなくひどく不便な場所だった。そしてあの頃は明るくカラフルにしつらえた育児室があった。もちろんこれは女子施設ならではの光景で、塀の外で妊娠して服役した場合は満一歳までは刑務所内で養育することができた。その後は親族や施設に預けられるといった具合だが、これはそもそも明治初期の監獄時代の、まだまだ貧しく、母から赤子を切り離すとは母乳も飲めず死につながるような危うさがある中でできた制度でもある。

犯罪白書によると一八九九年（明治三二）には「従来の携帯乳児の満三歳までの収容を、満一歳までに短縮」とその一部改正が記されている。昔は子どもがいっぱいいてまるで保育所のようだったなどと耳にしたことがあるが、明治の後半まではなんと三歳の乳幼児までが収容されていたという事実にわたしは改めて驚いた。

終戦直後に女性初の刑務所所長となった伝説の人物・三田庸子《つねこ》は、一九四六年（昭和二一）当時の和歌山刑務所には、まだ年間十数人の携帯乳児がいたと記している。

わたしが乳児室を撮影したのは平成に入って直後のことだが、刑務所の中にもやはり女子には母性を紡ぐ歴史があることを知った。加えていえば、よく撮影させていただけたといまも感謝している。受刑者も職員もゆったりとしていて、刑務所内にはのどかな雰囲気が漂っていた。

近年になって、塀の中の色彩も少ない閉ざされた世界では、子どもの情操教育によくない、成長には悪しきことだとして勧められていないが、栃木刑務所では受刑者が望めば携帯乳児は禁止ではないそうだ。

ちなみにわたしが当時撮影した育児室は、過剰収容になって以来ずっと受刑者の共同室として使用されているので、いまは存在していない。

では一九九〇年代末からの急激な増大の原因はなにか？　そしてその結果女子刑務所はいまどうなっているのか？　それを見聞したいとわたしは栃木へ再度取材に向かった。

半開放の女子刑務所

「テンケーン」

朝六時三〇分、女性刑務官の甲高い号令が、長い廊下を木霊《こだま》のように響いていく。

半開放寮と呼ばれる女子独特の二寮のカギを開けると、七室あるそれぞれの共同室の受刑者がいっきに動き出す。二〇〇八年二月の取材では、六名のところを八名収容しており、通常四二人のところに五六人があふれていた。

点検とは、受刑者の生存確認と健康状態などのチェックを刑務官が行うことであり、その際受刑者は居室にきちんと並んで正座し、号令に従って順番に番号を唱える。刑務所とは点検、点呼、確認と、塀の中の一つひとつすべての生活が、刑務官の号令で動いていく場所である。

女子刑務所は施設面で男子刑務所と違いがある。それぞれの狭い居室（共同室、単独室）の中にトイレも洗面所もあって、扉は決して中から開くことがない男子施設の閉鎖房と違って、女子刑務所は、「半開放」と呼ばれる処遇が多い。それぞれの寮のカギを刑務官が開けると、そこには七〜八室ほどの共同室があって、各ドアにはカギがかけられていないし、トイレと洗面所も共同室の外にあって洗濯機もある。つまりその寮全員がトイレや洗濯機を共同で使用しているのだ。

昔は男女とも一律で、その模様から永谷園とも称された刑務所らしい？重苦しい格子柄の布団はすでに明るい花柄に変わっている。

室内だけを見ると一見どこかの会社の合宿所のようにも見えるが、いかんせん過密だ。さらに前述したように二〇〇六年の新法改正によって、六〇リットルの私物保管箱が与えられるようになったのだから、ますます狭く見える。

栃木の私物保管箱は天板を開けると収納できるという、オリジナルの木製の小机が一人ひとりに用意された。が、またこれが場所をとる。本を入れるとずっしり重く高齢者には辛い。よって、通常は夕食後の一八時半の仮就寝になれば布団を敷いてもいいのだが、ここではみんなで一緒に行動しないと狭くて部屋には布団が敷けない。当然「足を踏んだ踏まなーい！」のケンカも起こるので、それぞれの受刑者の性格を十分配慮して部屋が決められている。

栃木刑務所は女子最大の施設で、東京矯正管区内で刑が確定した女子受刑者と、名古屋以東の外国人受刑者及び全国の二〇歳未満の女子受刑者を収容する。以前は外国人といえば女子は栃木と決まっていたが、これも男子の府中刑務所と同様に外国人受刑者の激増によって、現在では和歌山などの他施設にも収容されるようになっている。

「過剰収容」という聞きなれない言葉が登場した二〇〇一年の秋に、わたしは栃木、横浜、川越少年刑務所へ取材に訪れているが、「入ってくるものを拒めないのが刑務所の宿命」、定員を理由に断ることができないのが刑務所だと、どの施設も限られた居室の中で悩みながら試行錯誤を繰り返していた。

栃木でも表4–1にもあるように二〇〇〇年以降の収容率は約一二五％で、想定外に増え続ける受刑者の対策のために、二〇〇〇年にはまず図書作業室に四台のベッドを入れて、翌年に入ると集会室を共同室へ改装。だが部屋を増やせばすぐ埋まるというイタチゴッコのような状況に、長期受刑者が花に毎日水をやり大事に育てていた花壇をつぶして大食堂に改築することを決断、そして運動場の一部を削って新たに二〇〇〇人収容できる収容棟を建設した。しかしそれもすぐに満杯になるという、それほどの非常事態だった。

「花壇の面倒をみるようになって六年、パンジー、ペチュニア、百日草、松葉ボタン。長い間お花の面倒をみさせていただいて、朝起きるとお花に今日も元気かなって挨拶に行く。他の人がいじると心配だから一人で全部やってきた、きれいにしてくれてありがとうといってくれるようでわたしの生きがいだった……だから花壇がなくなるのは寂しいです」と、涙を流しながら話す受刑者がいたが、心情の安定にも花壇ぐらいは残したいと思いつつも、それすら対応できる状況にはなかった。

第2章でも述べたが、刑務所では薬物によるフラッシュバックの発作やケンカも起これば懲罰もある、集団生活に適応できない人間も多い。よって更生教育にふさわしい収容率というのは七〇～八〇％程度といわれるのだ。取材をしていると、「教育がしたくてもできません」という嘆きのような言葉を現場の法務教官から何度も聞いたが、日々追いたてられるような生活は、受刑者も刑務官も同様だった。

女子急増の理由

西暦	収容率	一日平均収容人員	収容定員	対策
1868 年				栃木囚獄として設立
1906 年				女子受刑者の収容開始
1908 年				明治の監獄法が施行される
1948 年				栃木刑務所と改称
1979 年			298	現在地に移転
1980 年				この頃から収容者が増え始める
1986 年			398	増築（+100 名）
1993 年	88.7%	353 名	398	
1995 年			448	外国人収容棟を増築（+50 名）
1996 年	90.0%	403 名	448	
1999 年	106.5%	477 名	448	
2000 年	117.2%	525 名	448	過剰収容に突入
2001 年	124.8%	559 名	448	
2002 年	121.8%	789 名	648	花壇を壊して増築（+200 名）
2003 年	125.0%	810 名	648	
2004 年	128.2%	831 名	648	
2005 年	129.8%	841 名	648	福島刑務所福島刑務支所開設（収容定員 500 名）
2006 年	127.8%	828 名	648	※全体の一日平均収容人員が 8 万名を超える
2007 年	128.1%	830 名	648	美祢社会復帰促進センター開設
2008 年 4 月	126.7%	821 名	648	
2009 年 1 月	115.9%	751 名	648	

表 4－1　栃木刑務所の変遷と収容状況（収容率）

近年女子の受刑者が急増した原因は、女性の社会進出によって社会でトラブルに遭遇する機会も増えたことと、グローバル化により外国人受刑者も増えたことだ。収容者の約三割が外国人という数字が、犯罪の国際化と多様化を物語っている。外に出なければ犯罪には出合わないというわけだが、確かに専業主婦で第三者に出会う機会も少なければ、犯罪を犯す率も少ないとはいえる。しかし現代のような携帯電話やパソコンが普及するネットワーク社会においては、すでにその垣根はない。

二〇〇八年二月の取材時の栃木刑務所の罪名では、①窃盗（約二五％）②覚せい剤取締法違反（二三％）③殺人（一七％）という順だが、女子刑務所の平均では①覚せい剤取締法違反（四八％）②窃盗（三一・九％）③詐欺（六・五％）④入管法違反（四・八％）⑤殺人（四・〇％）となっており、栃木では殺人の割合が大きいことがわかる。これは収容者が関東一円から集まってくる刑の確定者であり、大都市が抱えるさまざまな問題に起因すると推察される。また、「弁当持ち」といっていくつかの罪名を抱えている受刑者も多い。

外国人の収容状況は一九九二年が最少の二一名だったが、その後の一〇年間で二〇〇名を超えた。

二〇〇八年には外国人は二三ヵ国二三〇名が収容されていて、国別では断トツに中国で六〇％を占め、二位は韓国で以下、フィリピン、タイ、ベトナム、台湾と続いていく。

図書館には、中国、韓国、フィリピン、タイなど収容者の多い国の新聞や雑誌、書籍が並び、もちろん英語、仏語、独語といった主要言語の他にも、オランダ、スウェーデン、ヒンディー、ペルシャ、ルーマニア、珍しいところではブータン、カタロニアなどの稀少言語もあってまさに国際的。ハングルの『ドラえもん』などのマンガ本もあった。

一日の平均収容人員の推移についても、一九九三年が最少の三五三名、最多が二〇〇五年の八四一名。じつにこの一三年で二・四倍に増えているのだ。

三百六十五日昼夜を問わず収容率一二五％を超える日々、夏はクーラーなどあるわけもなく、扇風機はあっても時間制限がある。暑さも倍増で、イライラも増しケンカも起こる。現場の刑務官も勤務超過となり、時間との闘いにヘトヘトになっていい更生教育もできないという結果につながる。矯正教育にも集団の中での個人の空間が必要であり、職員にとっても処遇にゆとりが必要なのだ。

美容・技能大会

第四〇回東京矯正管区技能競技大会が開催された栃木刑務所と川越少年刑務所へ足を運んだのは二〇〇七年一〇月のことだ。

これは「日ごろの職業訓練の成果を競わせることによって、さらに技術向上を図るとともに意欲的な生活態度を身に付けさせ、社会復帰を促すことを目的」と記されている。やはりさまざまな試みは中心となる東京からはじまっていくのだが、一九六八年（昭和四三）一一月に中野刑務所（八三年廃庁）において、第一回大会が開かれる。当時は家具木工、活版文選《ぶんせん》、活版植字、印刷機、機械旋盤及び仕上げの六種目に、管区内の九施設から五〇名の選抜された受刑者が参加した。七二年の第五回以降は川越少年刑務所で実施される。そして女子の美容がその分科会として実施されたのが、八五年の栃木刑務所である。

第四〇回大会（男子）については電気工事、家具指物、建築大工、電気溶接、半自動溶接、左官、建設塗装、理容及びクリーニングの全九種目にて、管内の一八施設から一〇二名の腕自慢の受刑者が集まって来た。自前のりっぱな道具箱にはそれぞれに前橋刑務所、府中刑務所、横浜刑務所などと重厚に刻印が押されてあって、ちょっと恐面ではあるがみんな堂々とした職人に見えた。各刑務所から付き添ってきた刑務官たちの、その仕事ぶりを心配そうにまた暖かく見つめる姿がわたしの目に焼きついている。

ところで全国八管区において、基本的に女子施設はそれぞれに一つしかない（高松管区は例外でゼロ、広島管区は美祢社会復帰促進センターが開所し二ヵ所）。だから東京管区の女子は必然的に栃木刑務所での開催となる。

美容師を目指す美容科ができたのは一九六八年のことだ。二年の職業訓練で国家資格を得た受刑者は、通常では出所しなければ行けない外界の美容室で仕事ができる。もちろんそこも刑務所の中ではあるが、正門を入ったすぐそばにあって一般の人々も通える美容室だ。これについては男子施設の理容も同じで、資格をとれば施設内であっても外の空気を感じることができる。そして刑務作業としての作業報奨金も高い。

栃木刑務所での第四〇回大会は、さすがに女子ということで華やかだった。種目はフリースタイルとワインディングで、前者は有資格者の三人が制限時間二五分の間にオリジナルな髪型を完成させ、後者は無資格者だが職業訓練中二年目の四人が規定のスタイルを時間内(三〇分間)で競う。審査員は後援する栃木県の美容業生活衛生同業組合の講師たちだ。

その技能大会のモデルも受刑者から選抜されるのだが、特にフリースタイルにおいては、目鼻立ちがくっきりとした外国人受刑者も選ばれて、今風の独創的な髪型に化粧を施すととても美しく映える。完成すると次には髪型に合わせたドレスや和服に着替えての登場となるのだが、一七〇センチを軽く上回る美貌のモデル、打掛け姿のきれいな花嫁衣裳に身を包んだ日本人モデルなど、刑務所とは思えないカラフルで華やかな一日だった。

この様子を見守る受刑者たちにとっても、この日は久しぶりに化粧の匂いに触れられる日。かつてはひな祭りや学芸会などの行事の日には口紅を塗ることも許され、それを落とさずに大事にしていたという話を聞き、わたしはしみじみとした記憶がある。しかし、残念ながら現在ではそういう機会は持たれていない。過剰収容状態が続き余裕がないことはもちろんだが、物理的にはそれに類する寄付がないとのことだった（以前は口紅などの寄付があった）。

刑法改正前もいまも、基礎化粧品である化粧水を持つことは許されてはいるが、メークパレットなどは所持できない。女性にとっては社会復帰したいと願う理由の一つに、自由な世界でオシャレも化粧もしたいということがある。

以前は多くの施設で開催していたが、現在この技能競技大会を開催している管区は、東京を除けば仙台管区の山形刑務所と広島管区の山口刑務所のみである。

職業訓練でプロのエステティシャンを目指す

「ホームヘルパー二級の資格をとった出所者から、『社会に出てすぐに仕事につくことができました。ありがとうございます』という手紙が届いた。こうして資格を生かして自立してくれるのが、われわれには一番嬉しいし、やりがいを感じる瞬間です」と、にこやかに話してくれたのは、福地美恵子元所長だ。

約一〇〇年続いた明治の監獄法が「刑事収容施設及び被収容者等の処遇に関する法律」

という新法に変わってからは、刑務作業だけではなく、教育（改善指導や教科指導）が受刑者に義務付けられた。

「職がないと出所後の再犯に向かいやすく、それが刑務所の過密を招く」として、法務省が時代のニーズに合わせた職業の訓練の一つに選んだものが総合美容技術科だ。刑務所でエステ⁉　と反響を呼んだが、二〇〇八年にはじめて栃木で実施された。外部から専門講師が来て、一期に六名の訓練生が半年間で三六五時間かけてクレンジングパックやエステ器具の使用法などを学び、プロのエステティシャンを目指していく。

訓練室には二台のエステベッドが備えられ、パックを施した顔に器具から温かな蒸気が吹き上がる。エステは手に職がついてついでに自分も美しくなれるというわけで、もちろん受刑者に大人気の職業訓練で、多くの希望者から選ばれた。

「女性として自分がきれいになれるのが嬉しい。プロの資格をもらったら社会に出て、プロのエステティシャンになりたいです」とは訓練生の言葉だ。

他のフォークリフト運転訓練科、ホームヘルパー科、前述した美容師を目指す美容科も、初犯が八割の女子刑務所においては、社会復帰を目指す受刑者の人気が高い（表4−2、4−3）。

しかし一方で、「わたしは、ここを出たら、どこへ行けばいいんでしょうか？」。両親は

区分	主な内容
生産作業	洋裁、金属組み立て、紙細工など
自営作業	炊事、洗濯、清掃など

表4-2　刑務作業

※生産作業では、伝統工芸を現代風にアレンジした「こぎん刺しゅう」をあしらった小物製品から、「刺し子」の巾着袋等の洋裁製品の製作も行っている。

区分	訓練期間	開始時期
美容科（美容師を目指す）	2年	1968年
フォークリフト運転訓練科	3ヵ月	1994年
ホームヘルパー科	6ヵ月	1997年
ビル設備管理科	1年	2009年
総合美容技術科（エステティシャン養成）	6ヵ月（365時間）	2008年

表4-3　職業訓練

すでになく、身寄りもいない七〇代の窃盗を重ねてきた累犯受刑者の、涙を流しながらの言葉が真実味をもってわたしに重く響いた。

新法になって月に二回の矯正指導日があり、刑務作業は免業となって工場への出役はない。一般の受刑者は教育ビデオを見る以外は、自習などをして過ごす。その中で特別に行われているのが外部講師による基礎学習だった。

八〇〇人を超える収容者の中には、読み書きができない、漢字やローマ字が読めないため、駅の看板や文字が判読できずに列車にも乗れない人もいる。そのために仕事にも行けないという受刑者もいるわけだ。

そこで栃木刑務所では、矯正教育に熱心な塾の講師が外部からやってきて授業を行っている。その日は三〇代から七〇代までの受刑者が、小学校低学年が学習するような読み書きの国語と、「一ロットを一〇個使って、こっちで八個使うとあと残りはいくつ？」などのように簡単な引き算や足し算を一生懸命に勉強していた。

一〇代から八〇代までが共同生活

ところで前述した半開放寮の、ある共同室を撮影したときのエピソードだ。その共同室は六人部屋を八人で使用し、布団を敷くのもたいへんなほどの過密。収容者も二〇代から六〇代までいるのに、ノリがいいというか、まとまりがあってみんな大らかで明るい。じっと観察していると、やはり全体をみてまとめる人物がいるのだ。それを担当官に質問してみると、「いまは権利だけを主張する収容者も多く、古き良き行刑をわかっている人じゃないと共同室には入れられません」とのことだった。

男子施設と違って初犯も累犯も長期も、年齢も一〇代から八〇代まですべて混在して収容するのが女子施設だが、「担当さんに何言うの。そんなことを言ってはダメよ！」とか、「こうあるべき、すべきなどを心得ていたり、累犯でも人情がわかるような人がいたほうがいい、逆に部屋がまとまってよかったりする」とはさまざまな施設で聞いた。

新法に変わって各自に六〇リットルの私物保管箱が与えられ、栃木では小机になっていることは先に述べた。それには個別にカギがしつらえてあって、本人以外は開けることも見ることもできない決まりだが、三〇代収容者の小机の中味を見せてもらうと、美容やスイーツなどさまざまな本が詰まっていた。

やはり女性だ、出所したらコレを買いたい、食べたいなど、お取り寄せ便の本が人気だそうだ。もちろん塀の中にお取り寄せなどできるはずもないが、出所してからの夢を描いて女子受刑者たちは楽しんでいる。

一方で、身寄りもなくお金もない受刑者たちの私物はもちろん少なく、ちり紙を保管箱一杯に詰める受刑者もいる。制限の範囲内においては何を入れても自由だし、やりとりや物品を不正授受する受刑者も当然いるわけだ。

男子も女子も、刑務所は金次第のような風潮が出てきているのが現況だ。

ひとたび制服を着れば、刑務官に変身

「しゃべったらアカンでー」と工場担当、二七歳（二〇〇二年当時）の桜木刑務官（仮名）の威勢のいい声が、一六一人が作業をする広い和歌山女子刑務所の第一工場に響き渡る。声の大きさと荒っぽさは随一とかで、寮舎から工場までの移動も、彼女が大号令をかけて受

刑者を先導する。その度胸満点の桜木さんが、一歩塀を出るとメガネをはずしておっとりとした素顔の自分に戻った。

「高二のときにテレビで女子刑務所のドキュメンタリー番組を見てて、『私の仕事はこれやわ！』とピーンと閃《ひらめ》いたんです。でもいざ憧れの職業についてみると、大声は出せても、ここぞ！　というときに緊張して、人を注意することができんかった。三人兄妹のまん中で、フワフワしている性格が向いてないのだと思って上司に相談すると、『とりあえず三年がんばりなさい。やめる人も多いけど、そのうちに本当に向くかどうかがわかってくるから』と言われて。でも同期が二年で結婚してやめたときには、本当に羨ましいと思った」

「私生活の話をしない。わからないことに生返事をしない。刑務官としての自覚を持つ」という、最初に教えられた刑務官の三ヵ条を、桜木さんは日々の現場で体得していった。

そして三年たって二一歳になった頃に、「続けられる」という気がした。が、それは同時に、塀の中に入ると、自分が刑務官に変身することでもあった。

「いまの工場は一六一人を二人で担当していて、一人ひとりの名前をすべて覚える集中力も必要だし、常に見られているという緊張感の中にいるので、おっとりした私は、心身ともにガラリと自分を切り替えないとダメなんです。一歩引いてしまってはきちんとした矯正ができないと思う。そうすると自然と口が悪くなって荒っぽくなる。上司から『普段のままでいいから』と言われても、そうしないとやっていけないんです」

そんな桜木さんは介護担当の刑務官だったときに、受刑者と一緒に勉強をして介護福祉士の資格を二年間かけて取得している。当時は受け持ちの受刑者も六人だったので、ゆとりを持って処遇ができて、教えていくのも、また成長する姿を見るのも楽しかったと振り返る。三級の資格をとって出所した受刑者から「いま、病院で働いています」という手紙をもらったことがあった。規則として返事は出せないものの、同じ社会人として仕事をしていると思うと自分が励まされるようで、改めてこの仕事にやりがいが感じられて嬉しかった、と教えてくれた。

「たまにくじけて『アカンなー』というときがあって、この仕事は向いてないんじゃないか、と迷うこともある。同時に、この仕事しかないと思っている自分もいます」

二〇〇八年、桜木さんは他の施設に異動となり、お手本になるような信頼される刑務官として働いているそうだ。彼女の印象的な言葉をわたしは覚えている。

「出産もして人生経験を積んで、親と子どもの両方の立場がわかるようになりたい。早く歳をとって、厳しさの中に優しさを持った刑務官でありたいと思います」

過剰収容日本一の和歌山刑務所

二〇〇九年三月、七年ぶりに和歌山刑務所をたずねた。

女子刑務所の過剰収容は全国的な問題である。なかでも和歌山は二〇〇七年九月に約一三八％と、全刑務所の中で最高収容率を記録。その際にはなんと六人の共同室を九人で使用した例もあるという。過剰収容の日常と、そして約一〇〇年続いた監獄法から新法への変化の現実をわたしは確認したかった。

取材した三月末の和歌山刑務所は、定員五〇〇名のところ二〇歳前から八〇歳代までの約六六〇名が収容(収容率一三一・二％)、罪名のトップは覚せい剤取締法違反で四〇％、次いで窃盗の三〇％の順、平均年齢は四四歳だった。

朝六時三〇分、起床の音楽を合図にいっせいに起き出した受刑者は慌しく布団をたたみ、トイレや歯磨きを済ませて着座する。この間一五分、もちろん私語は厳禁だが、沈黙の中に一日のはじまりの緊張した空気が充満する。

七年前と大きく印象が変わったのが、寮から工場へ移動する際に受刑者が整列し、刑務官自ら大号令をかけて引率する〝行進〟がなくなったことだ。和歌山は男子施設の流れを汲むと聞いたが、当時女子刑務所の中で一番元気があって規律正しく見えた。

その後人権尊重が叫ばれるようになると、半数が暴力団関係者であり犯罪を繰り返す累犯施設の府中刑務所や横浜刑務所であっても、軍隊的行進は悪しきものとされてかつての行進の姿はない。

受刑者は朝七時半に出寮して原則八時間（新法に変わって、毎日の運動などが義務付けられて実質的には七時間半に満たない）、三ヵ所の工場に分かれて働く。

第三工場へ行ってみると約一八〇名という大所帯で、先生と呼ばれる担当刑務官が二名で管理していた。「昔は大きい工場でも受刑者が一〇〇人もいなかったので、一人ひとりと話ができてゆとりもあった。過剰収容になってからは目の前にあることを処理していくのが精一杯です」とは現場担当者の話だ。もちろん私語は厳禁、質問やトイレに行きたいときも挙手をして担当に伝える。聞こえてくるのはミシンの音と多くの人間の気配と息遣いだ。

出所前はシャリ抜きダイエット

工場を見回すとやはりここにも老人ホームに見える一角があった。高齢者や精神疾患を抱える受刑者の処遇問題は大きく、最近やっと一部で専門的に収容する施設が出てきた。掲示板を見ると刻み食、粥《かゆ》、減塩、流動食とまるで病院と錯覚するような文字が並ぶ。これも高齢であることや糖尿など医者の判断によって指示がある。このほかにベジタリアン食もあるが、これは肉が禁止、あるいはアレルギーという理由からで、もちろん好き嫌いでの要求は拒否される。

やはり女性は甘いものが好きだ。ジャムやプリン、ヨーグルトなどが付く五日に一度のパン食はハレの日だ。こねてアンパンにしたり、中味を抜いて牛乳に浸し、くり抜いたところにプリンや惣菜を入れて食べる。食事時間二〇分足らずで、調理?が間に合わないと思うほどこだわる受刑者もいる。ちなみにヨーグルトパンはヒロタのシュークリームの味がするそうだ。一説にはプリンパンは刑務所が発祥の地ではないか?との噂も聞いたが、定かではないもののありうる話でもある。

男子施設は健康的な献立で、刑務所で普通にダイエットができる。一方、女子も同じように栄養管理されているが、体質も異なり運動時間にも動かなかったりで、三食を規則正しくとると太る受刑者も多い。そこで登場するのが「出所前六ヵ月で痩せよう、シャリ抜きダイエット」だそうで、いずこも同じ女心に思わずわたしは笑ってしまった。

一六時二〇分に作業は終了。またいつもと同じように整列して帰寮し、夕点検が終わると食事、その後の余暇時間は家族からの手紙を読んで懐かしんだり、一九時からはテレビを見たり、またクラブ活動もある。消灯は二一時、もちろん翌日の起床まで、夜勤の刑務官による巡回は続いていく。こうして決められた細かいスケジュールは、平均刑期三年一〇ヵ月、出所の日まで、ずっと繰り返されていくのだ。

懲罰の増大

「受刑者が子どもっぽくなった。昔は説明すればわかるし、刑務所は来てはいけない所という自覚があった。いまは自由に物も買えて私物も持てる、刑務所らしさがなくなってきて、物品不正授受が多く懲罰も増えています」と語ってくれたのは、勤続一八年のベテラン刑務官だ。

取材してきた男女すべての施設で問題視されているのが、新法による制限の緩和によって、これまでの二〇リットル以外に六〇リットルの収容容器（和歌山ではキャリーカート）で自由に私物が持てるようになったことだ。

「それ、かわいいから頂戴」「あの人かわいそうだから、あげたの」など物品授受がバレそうになるとウソをつく受刑者もいる。私物のタオルには水玉模様やかわいい絵、またカラフルな色鉛筆が人気だ。当然それにはお金が必要となる。刑務作業をして得る作業報奨金の一部は使用可能だが、月に平均して三〇〇〇円にも満たない。また高齢化も進み、車椅子や紙おむつをする要介護に近い受刑者や懲罰の者などもいて、五〇〇円以下という場合もある。家族の援助や自らの蓄えがないと私物は買えないし惨め。ここにさまざまな力関係が発生しているのだ。

和歌山では新法施行の翌二〇〇七年には懲罰が一・七倍に増大した。シャバでの貧富の差はともかく、唯一塀の中では平等だったはず。規律が必要な刑務所において持てるものと持たざるものの格差が登場したのは、やはりおかしい。懲罰が増えたことによって事務処理も煩雑となり、職員負担も増加するという悪循環に陥っている。

そういう状況に加えて、「いままで親にも叱ってもらったこともない人が多く、怒られても何を怒られているのかがさっぱりわからない。親にかまってもらえなかった分、母の愛がほしい。叱ってもらいたい、みてもらいたい」という甘えたい受刑者が多いとのことだ。

わたしは二〇〇八年に少年院を取材した際に、「子どもは叱るべきときに叱らないとダメ」という話を聞いて納得したが、これは本来家庭ですべきことなのだ。基本的な躾《しつけ》やルールが理解できていれば何の問題のないことが、明らかに欠落している。そこにひずみが生じているような気がする。

覚醒剤の恐怖

「一〇年覚醒剤をやっていなかったので執行猶予が付くという話もありましたが、刑務所に入ってよかった。前は自分の意志と気合で覚醒剤はやめられると思っていたけど、それは無理。今回の教育（薬物改善指導）を受けてはじめて自分は依存症という病気だとわかった。セックスのすごい快感も味わってしまっているので、出所したら夫と一緒に依存症を治すことを考えたいです」

和歌山の罪名のトップは覚醒剤だが、最近はダイエットのためなどとノーテンキな受刑者も多い中で、覚醒剤に溺れたわが身と対峙するような四〇代の真美（仮名）のリアルで前向きな話に、薬物の怖さと刑務所の矯正教育の重要性を改めて認識した。

出産直後に夫に蒸発されたとき二六歳だった真美は、精神が錯乱し乳児を虐待するようになって、精神神経科に入院した。ここでなんと患者から、「病院の薬よりよく効くから」と覚醒剤を勧められてコーラに入れて飲んでしまうのだ。これまでにもわたしはさまざまな受刑者から話を聞く機会はあったが、まさか病院で覚醒剤を使用という不幸な例は聞いたことがない。真美は夫の不実を、「一瞬にして心の平和を感じられる」覚醒剤で癒すうちに虜《とりこ》になっていく。

一度目は和歌山刑務所、二度目は実母からも見捨てられて二人の子どもを施設に預けて別の刑務所で一年八ヵ月の服役。だがここで真美は奮起して職業訓練を受け、フォークリフトの資格を取得するのだ。手に職をつけることは社会復帰の大きな力となる。出所すると子どもが暮らす施設近くの会社に就職して懸命に働く。子どもを引き取るまでに一年かかったが、その後は会社の上司と結婚して娘も生まれて幸福な時が流れる。

クスリと縁が切れて一〇年目のことだ。次女出産の帝王切開で感染症になり大手術をして激痛の日々が続く。そしてまたしても病院で苦しんでいるときに、真美は母親の付き添いでやってきた、昔の覚醒剤の売人に出会ってしまう。それまでも街中で声をかけられることはあったが、自分の気持ちがしっかりしているときは気持ちも揺らがなかった。しかしあまりの痛みに覚醒剤のあの感覚が蘇った。そのうえ今度は心苦しさもあって、腰痛の持病がある愛すべき夫まで引き込んでしまうのだ。まもなく逮捕される。夫には執行猶予が付いたが、生まれたばかりの赤子がいる真美には一年の保釈（一年間は外で暮らす）が付いたものの刑期は一年六ヵ月。三度目の刑務所を和歌山で過ごしてまもなく一年になる。

はじめての覚醒剤からすでに二〇年がたつが、真美は今回ようやく自分自身で納得して薬物から離脱できる自信が持てた。「依存症になったら完治はしない。一〇年、二〇年やめていても再発することはある。まず自らは病気だと認めること、じっくりと向き合っていくことが必要」と、前述したようにダルクも語っている。

真美は所内で対人関係の教育も受けたそうで、すでに家を出て自力で大学へ通う苦労をかけてきた息子たちとの関係も修復したいと願う。いまの真美にはそれができると、わたしは信じている。

　また彼女の話は、同じ薬物改善プログラムを受ける受刑者にとっても、非常に重い言葉として響くのだそうだ。二〇〇九年にメディアを賑わせた酒井法子にも、わたしは同様な感想を持つが、依存症になると決して自らの意志で薬物はやめられない。「一度ぐらいは大丈夫！　ダイエットをしたい！」など、間違ってもおもしろ半分に手を出すべきではない。薬物はそれほどに心と身体を蝕《むしば》んでいく、恐ろしいものだ。

増える仕事と受刑者、減る刑務官

　ベテラン刑務官の吉村さん（仮名）は、二年前に受刑者から暴行を受けた傷がいまも額に残る。ちょうどその日は子どもの幼稚園の卒園式。包帯を隠すために毛糸の帽子をかぶって出席したら、「そんな悪いことしたらアカンのに。痛かったらやめたらええのに」と母の姿をみて子どもは泣いた。彼女も一緒に涙を流す。それでも吉村さんが刑務官という仕事を続けるのは、更生復帰していく真美のような人がいるとやりがいを感じ、それが喜びにつながるからだ。

　犯罪白書でも高齢受刑者の問題が記されているが、第2章でも前述したように刑務所には一般社会と同じく受け皿を持たない高齢者も多い。シルバーカーを引く入所十数回の八〇代の受刑者はインタビュー中、「もうじき出所するがどこにも行き場がない……」と顔をくしゃくしゃにしてずっと泣きじゃくっていた。担当官が福祉事務所へ連絡をとっているが、この辺の問題になると福祉や厚労省との連携も必要になってくる。帰る場所がないとまた刑務所にUターンするしかない。

国の行政改革もあって、増える受刑者に反比例して実質的には刑務官も減らされている。さまざまな施設を取材しているとよくわかるのだが、数字上では刑事施設の職員数は増大しているが、それは新設された大型刑務所への配置に回されて、職員負担の過剰さは恒常化している。また新法では、刑務作業だけではなく教育も義務付けられて、より仕事量も増大した。

二〇〇九年末現在、男子刑務所は平均で一〇〇%の収容率を割ったが、いまだに和歌山刑務所の収容率は一二四%を超える。この異常な数値を現場の職員はどう思っているのかを質問してみると、以前のゆとりも持てた時代を知る職員は、子どものためにも土日の休みをとれるように「日々を必死にやり過ごしている状態です」とのこと。異動がなく他の施設を知らない若い職員においては、この状態が日常になっているということが判明した。

この現状はやはりおかしい。必要がない場の過剰な国家公務員は削減して当然だが、二十四時間三百六十五日、人が人を管理し教育も義務付けられた刑務所においては、現場の職員を減らすべきではない。むしろ増やすべきだ。

今回の取材を通して「人を増やしてほしい」という現場からの声は、再犯を防ぐ第一歩のようにわたしには聞こえた。

第5章　一〇〇年の時を刻む（奈良少年刑務所）

五翼放射房

第五寮
第四寮

配食

点検

観桜会

〝憧れ〟の奈良少年刑務所

二〇〇六年まで運用されてきた「監獄法」が制定されたのは一九〇八年（明治四一）のことだが、本章ではその監獄法制定と同じ年に完成した奈良少年刑務所を紹介する。

ここは「明治の五大監獄」（奈良、千葉、金沢、長崎、鹿児島）と関係者から並び謳《うた》われ、赤レンガ造りの美しいロマネスク調の姿を残しつつ、いまも唯一現役でがんばっている。

古都・奈良の東大寺や興福寺が集《つど》う高台にあって、「ここは奈良ドリームランドですか？」と観光客が間違えてやってきたという逸話まである。しかも講堂からは東大寺を望め、近所の般若寺には受刑者が奉仕活動で清掃に通っているという、なんとも贅沢な世界遺産の地に建っているのだ。

わたしの刑務所遍歴二〇年の間には、「あの放射房はすごい！　ぜひ奈良には行ってほしい」などと、何度も評判は聞いていた。

現存する「一〇〇年前の奈良監獄」とは……、わたしの写真家としての好奇心は歴史に培われた重厚な映像として頭の中でイメージが膨らんでいき、いつしか〝憧れ〟の刑務所となっていった。もちろん表門や外塀以外はたやすく見られる場所ではない、ならば手っ取り早く、とは冗談だが、それにしてもここはA指標の一六歳から二六歳未満の男子を収容する少年刑務所。よって一応女子であるわたしは罪を犯しても入所できないのだ。

ようやく念願がかなったのは二〇〇七年春のことだ。受刑者約七〇〇人がグラウンドに勢ぞろいした観桜会は晴天にして、樹齢一〇〇年のみごとな満開の桜の下で開催された。受刑者は着座して、ボランティアでやってきた大学生が仮設ステージで演奏する音楽を聞きながらお昼を食べる。やりくりした年間六〇〇円の行事用特別菜代からは花見弁当が用意されて桜餅も付いた、受刑者にとっては年に数回の楽しいハレの日なのだ。

赤レンガの外壁には風に乗って桜吹雪が舞う、太陽が照らした木立の影は美しく映え、まるで米国のボストンにいるようなオシャレで落ち着いた街並みの一コマのように見えた。

それ以上に噂には聞いていたが、五本の指を広げたような放射房（166ページ写真）の荘厳さにわたしは目を見張った。二〇歳の頃に見た〝十字舎房〟と呼ばれた中野刑務所（一九八三年廃庁）は、中央監視所に立つと一、二階の四方まで見渡すことができてわたしは驚嘆した。奈良少年刑務所では右から「一寮、二寮、三寮、四寮、五寮」とそれぞれの舎房が放射状に延びている。中央の監視所に立ってみると、すべての舎房の出入りが即座に見てとれるじつに効率的に受刑者を監視できる建築になっていた。一望監視システムは、中からは決して開かないカギがかかっている。用
もちろん居室（単独室や共同室）には、中からは決して開かないカギがかかっている。用

事があるときには部屋の外に〝報知器〟が出されるのだが、それもひと目でわかる。中野刑務所の十字舎房には機能美があり、奈良少年刑務所の五翼放射房には荘厳な雰囲気を漂わせる様式美があった。

奈良以外の千葉、金沢、長崎、鹿児島の明治の五大監獄は、すでに表門や庁舎の一部を残すのみだが、これらはいずれも当時の司法省（法務省）の山下啓次郎が海外を視察し、フランスの建築を参考に設計している。受刑者がレンガを焼き漆喰を塗り七年の歳月をかけた奈良監獄は、前述したように一九〇八年に完成した（奈良監獄署の発足は一八七一年）。

敷地内には、テレビの時代劇でみるような分厚い木の格子で囲われ、床にはトイレの穴を開けただけの奈良奉行所の牢屋が残されている。受刑者をただ収容する牢屋から管理する収容棟（舎房）へ、時代が移る中でまったく異なる近代的原理が働きはじめたのがよくわかる。まさにロマネスク調の奈良監獄はハード＋ソフトともに、刑罰の世界の新しい時代の象徴でもあった。

知は力なり

「知は力なり」。奈良少年刑務所の教育現場で聞いた教育担当法務教官のこの言葉は、非常に強く印象に残っている。わたしは内戦が続くまだまだ危険な多くの国にも足を運び、いかに教育が大切かを体感している。余談だが一九九五年、内戦が続くカンボジアで、わたしは威嚇射撃を受けたことがある。当時一千万個の地雷が埋まっていると危険視される地域でのことだ。識字率が低く文字が読めない村人へ注意を促すために、「地雷を踏んだら身体がバラバラになるよ」という絵を描いた看板をみて涙した。戦争や内戦下において知識層は弾圧に遭《あ》い虐殺され、善悪の「知」を知ることなく少年たちが生きるために兵士になっている場合もある。今日の日本ではありえないことだが、それは世界中でまだありうることなのだ。

平和な日本の少年刑務所を見聞すると、読み書きは当然できるし、まだまだあどけない顔をした少年や青年たちが多く集っている。が、その反面で先進国となった日本には逆に物質的豊かさによる弊害が、さまざまな問題を生み出していることも感じている。

「知は力なり」。この言葉は現代日本の重みを持って、わたしには響いた。

もともと奈良少年刑務所は「東は川越、西は奈良」とも呼ばれ、全国に七ヵ所ある少年刑務所の中で、非常に教育熱心な施設としても有名である。現在も施設内には一〇人の教員免許を持った法務教官がいて熱い教育をしている。時代を遡ってみたい。

奈良少年刑務所のルーツ

ルーツは徳川家康の時代に遡る。家康は関ケ原の戦いが終わった一六〇〇年に、大久保石見守《いわみのかみ》長安を大和代官に任命。一六一三年に幕府直轄の奈良奉行所が設置されるのだが、これが奈良少年刑務所のルーツとなる。江戸南町奉行大岡越前守忠相《ただすけ》の父弥右衛門忠高や、幕末の日露通商交渉などに活躍した川路聖謨《としあきら》も奉行を務めた。

牢屋敷は奉行所（北魚屋西町）の敷地内に建ち、そこには本牢、揚屋《あがりや》、番所、炊事場、調所などがあった。これらの一部が維新後の一八七一年（明治四）に、西笹鉾町《にしささぼこちょう》の代官所跡地に移築されて奈良監獄署となる。その後敷地面積や設備の面で移転問題が持ち上がるが、ようやく現在地へ移転したのは一九〇一年で、監獄の建設がはじまる。そして一九〇八年に、いまも使用されている「奈良監獄」は完成した。

最初の囚人は五二二名で、一九〇九年は七六一名。職員の数は一一一名で、その内訳は典獄一（所長）、看守長一〇、典獄医一、教誨師《きょうかいし》三、教師一、薬剤師一、看守九二、女監取締二である。ちなみに、一九〇八年三月三一日には奈良女子高等師範学校（現在の奈良女子大学）が開設されるが、牢屋敷跡地はその構内に含まれている。

一九一五年（大正四）に大阪監獄の二〇歳未満の男子受刑者の収容を開始する。二二年六月には大阪、京都、和歌山などの一八歳以上二〇歳未満の初犯及び二〇歳以上二三歳未満の初犯者の一部を収容開始。一〇月に奈良刑務所と改称。そして戦後まもなくの四六年八月に「奈良少年刑務所」と改称されて現在に至る。

「ここには、すでに昭和二八年（一九五三）ごろには、教育は大切として、犯罪者の子たちに高校の教育を受けさせたいと考える、すばらしい先人がいたのです。普通でも高校に行かないくらいの時代に。いま刑務所の中で大検を受けさせたいと考えること以上に、すごいことだったと思うのです」。こう話してくれたのは教育担当の法務教官だが、それはここに来る受刑者に見所があったからではないかと続けている。

実際、一九五四年には正式に県立奈良高等学校通信制課程の受講を開始している。提案した先人もそれを受けて立つ奈良高校の校長もじつに先進的で、人間的な処遇と教育を願う人々だったのだろう（県立奈良高校の通信課程は二〇〇八年で長い歴史に終止符を打ち、新しい高校にかわる）。

さまざまな施設をたずねていると感じることだが、伝統ある刑務所には根底に流れる〝気〟を感ずることが多々ある。奈良少年刑務所には、半世紀以上前の先人たちの温かな心が宿り、その土壌が現在も息づいているような気がする。だからこそ一二〇％を超える過剰収容下にあって、職員が不足し猫の手も借りたいときにさえも、奉仕活動として般若寺の清掃活動を続けていたのだ。奈良では奉仕活動と呼ぶ構外作業だが、六人の受刑者に対して二人以上の職員が付き添う必要があり、塀の外にあっては逃走の危険性も潜んでいる。職員不足というゆとりのない状況下にあって、ほとんどの施設では実施していない。

奈良少年刑務所は頑《かたくな》なまでに伝統を守っているように見えた。

そんな奈良でも「以前は若草山に遠足に行ったたし、鴻池《こうのいけ》公園や春日大社にも奉仕活動で行った。最近は奉仕活動が少なくなった、なんとかならないか」という職員からの声をわたしは二〇〇七年に耳にした。「職員を増やしてほしいです。このままでは教育ができない……」という悲鳴も聞こえてきた。

また、夕方の点検後に受刑者と職員が一緒にクラブ活動でソフトボールをやっているなどというのも、他の刑務所では聞かない話だ。

塀の中の高校生

「人を殺してしまった自分が刑務所へ入って、はじめて学ぶことで自己と向き合うことができ、罪を償う日々を送れるようになりました」

通信制高校の卒業証書を手にした学生服姿の山田君（仮名）は、三年間必死に勉強した自己を振り返って、しみじみと語った。

取材時二八歳の山田君が殺人と銃刀法違反の罪を犯したのは二一歳のときで、友だちとケンカしている最中に事件は起こった。刑期は一一年。初犯でも殺人などの生命犯の場合は、A施設や少年刑務所ではなく、長期や累犯の成人施設に移送される。山田君は地方の刑務所に収容されたのだが、同世代の人間はまったくいないし、まわりのすべてが怖かった。年齢的には少年刑務所に分別されるわけだが、山田君は収容できる執行刑期八年（二〇一〇年より一〇年）未満という枠を超えていた。

「大人ばかりで、自分には知識も何もなくて不安で……。何ができるのかわからないけど、自分が成長したら何かができるかも、視野が広がるかもしれない……とここを希望したんです」

通信制高校を受講する受刑者は全国の刑務所から選別される。山田君が奈良に来たのは二五歳のときだ。刑務作業と居室での自由がない長い時間の中で、何も知らなかった無知な自分に「気づき」はじめていた。

「高校課程だけでなく、ここに来てから贖罪のこととか考える時間が持てて、毎日手を合わせてお祈りしてます。物事の判断ができなかったといまは思える。いろいろな知識、人との付き合い方、犯罪に対してとか、工場の作業とか、毎日まじめに努力すれば、自分に返ってくることが多いということがわかりました」

科目は国語、地理、歴史、公民、数学、理科、保健体育、芸術、英語、家庭などがあり、授業時間は週に六時間ほど。あとは出された課題を自分のスピードで学習していく。試験は前期と後期の二回。高校生は勉強のために一時間の延灯が許可されて、就寝は二二時となっている。山田君は毎夜二二時まで課題のレポートを仕上げ、教科書のテストに出そうな場所を繰り返し勉強する。数学が得意で、試験の半分ぐらいは一〇〇点だったそうだ。

ホームルームのときに、薬師寺の大谷徹奘《てつじょう》先生が話してくれたことが心に響いている。

「目の前のことではなく、何年か先のことを考えて、そこを目指せ！　先のことを考えて進め。結果がダメでも努力したという過程が大事なのだ」

山田君の胸元には「努」と記されたバッチがつけられ、この三年間の努力が伝わってくる。前述したように、毎年六月（第一週目の金・土に開催）に東京・北の丸の科学技術館で、全国刑務所の作業製品を展示・販売する「全国矯正展」が開催される。ここではこぞって各刑務所から自慢の作品が出品されて技を競うのだが、奈良少年刑務所は一刀彫や木工作品が非常に有名で、常に上位に入賞。山田君が他の受刑者三人と四ヵ月かけてつくり上げた作品も最高賞を受賞している。

ちなみに東大寺大仏殿を拝観して大仏の裏手へ回ると、奈良時代と現在の大仏殿の木製のミニチュア作品が二基置かれている。現物と同様に巧みに彫られた大仏様も鎮座しているのだが、そこには奈良少年刑務所の受刑者作品と記されている。

講堂からは大仏殿が望めると前述したが、二〇〇〇年に逝去された東大寺別当の上司永《かみつかさえい》慶《けい》氏は、亡くなる当日まで三〇年もの長い間、奈良少年刑務所の篤志面接委員を務めていた。篤志面接委員とは法務省から委嘱を受けた人たちが、受刑者や少年院在院者などの改善更生のためにさまざまな奉仕活動を行うことである。たとえば悩みごとに関する相談や助言、また短歌や俳句、音楽や書道など趣味の指導、講話もある。現在はご子息である東大寺学園幼稚園園長の永照氏が引き継がれている。

「父はもともと東大寺学園の中学校の教師で、一五年間健康な子どもを教えていた。その後寺内の病院へ出向して、そこで出会ったのが肢体不自由児施設『整肢園』の子どもたち。障害のある子を見ていろいろと思うことがあったんでしょう。たぶんそのあたりで刑務所とのかかわりができたのだろうと思う。非常に熱心に活動をしていて会長も務めていた。父はその篤志面接委員の近畿大会当日に病気で亡くなったのです」

当時は、いまは師匠と呼ぶ父親とは刑務所の話をほとんどしたことがなかったそうだが、自身が整肢園の園長となり感じた想いを受刑者の前で講話した内容が、まさしく父と同じだったとはあとでわかったことだ。

「障害の子は自分でなろうと思ってなったのではない。重度の障害を持った整肢園の子どもたちを見ていると、刑務所の子たちは努力すれば復帰できる……」

刑務所には篤志面接委員の他に、信教の自由の下にさまざまな教誨師の方が訪れる。これは他の施設も同様であり、わたしは刑務所で法話や講話を直接聞いたことはないが、みなさんそれぞれに真理について説いているのだと思う。

東大寺の上司永照氏にインタビューした際に伺ったことは、やはり心に残る。

「お釈迦さまが世の中の真理を悟られたときの表題は『華厳』。生きとし生けるもの（一人ひとり）すべてそれは花である。自分も花、自分以外の人も花、それぞれがすべて花である」。それを解釈すると、人間はさまざまなつながりの中で自分がある。人間は一人では生きられない。一人ひとりに意味があって、存在価値があるということなのだ。

山田君はこんな言葉を残して、以前の刑務所に帰って行った。

「三年間ここで学んだことを生かしたいです。次はコンピュータの資格がほしい。地方にはあまり仕事がないけど、出所したらホームヘルパーの勉強をして、罪を見つめながら、人の役に立つ高齢者向けの施設で働いてみたいです」

塀の中の高校を卒業した生徒には、その上の勉学を目指す者もいる。再犯で戻ってくる者は聞かないそうだ。

再犯防止のポイント

平成一九年版（二〇〇七）犯罪白書によると、一〇〇万人の初犯者、再犯者を対象として調査した結果、約三〇％の再犯者によって、約六〇％の犯罪が行われているという事実がわかったという。罪名については傷害、窃盗、暴行及び覚せい剤取締法違反が高い比率を占める。

また一九八六年から二〇〇五年までの二〇年間に、再犯を犯した者で、最初の一犯目から次の二犯目における再犯期間の五〇万人を対象にした調査では、六五歳以上の高齢者では二年以内に再犯を犯すのが約四分の三、一年以内が約半数。五五歳以上では約半数、二〇代前半では約四七％が二年以内に罪を犯しているのだ。

統計から出る答えは、三〇％の再犯者にストップをかければ、犯罪も大きく減るということだ。

繰り返しになるが、さまざまな施設をみてきて、わたしが常々感じてきたことは、刑務所内での再犯防止にはやはり、教育と出所の際の受け皿、つまり帰る場所と仕事があることが重要ということだ。少年院も含めてだが犯罪傾向が進んでいない少年刑務所や職業訓練に力を入れ「再犯ゼロ」を掲げている美祢社会復帰促進センターなどを訪れたあとは、ここを出たら二度と塀の中に戻ってほしくない、更生してほしいとわたしは心から強く願う。それは第2章で記述したが男子の累犯刑務所へ足を運んでみると、その人生の半分を刑務所で暮らしている受刑者をたくさんみるからだ。

具体的に考えられることとしては、①少年、若者に再犯をさせないこと、②初犯の者が二犯目を犯すのを防ぐこと、③犯罪の種別に応じた指導を行うということ、が必要なのだ。

奈良少年刑務所は二六歳未満の犯罪傾向が進んでいない、暴力団に関与しない、執行刑期八年までの男子が収容されている。その中で二四〜二五歳の者が約四〇%ともっとも多く、彼らの罪名は殺人（リンチ）、強盗、強姦が全体の四〇%以上を占める。平均刑期は四・三年と一般平均の二・八年よりも長い。

刑期も長く強盗などと聞くと凶悪な感じを持つが、実際には「事後強盗」といって、引ったくりの際に押し倒して逃げるなどで刑が重くなっている場合も多いそうだ。

収容率に関しては、わたしが奈良少年刑務所を最初にたずねた二〇〇七年の三月に、過剰収容として最大の一二三・五%を記録している。その後は二〇〇八年末には一一〇%、二〇〇九年に入ってからは一一〇%を切るようになっている。それは官民協働の新設刑務所が四ヵ所できたことにもよるし、さまざまな教育的効果もあがっているからだ。

しかし景気に左右されるという刑罰の世界では、その波が少し遅れてやってくることもあり、過剰収容から高率収容になったといえるのかどうかは、まだ定かではない。

バランスを考えた献立

一般の刑務所では、刑務作業する場所を「工場」と呼ぶが、奈良少年刑務所では「実習場」と呼んでいる。土・日・祝、そして月に二回の教育的指導日は作業は休み（免業）となる。なお新法以降、運動は一日三〇分と定められて刑務作業中に行う。

6:50	起床（チャイム）
7:00	点検 朝食
8:00-12:00	午前中の作業
12:00-12:30	昼食
12:30-16:40	午後の作業
17:00	点検
17:10	夕食
	自由時間 クラブ活動
18:00	仮就寝（布団を敷ける）
21:00	本就寝（高校生は22時まで延灯して勉強ができる）

表5-1　奈良少年刑務所の一日

奈良少年刑務所では、季節に応じてソフトボール大会、運動会、スポーツ大会が開催され、これに向けて実習場ごとに練習している風景もみられる。作業中の入浴に関しては週二回、夏は三回。新法によって教育も義務付けられ、原則的には刑務作業は一日八時間とされるが、実際には七時間ほどとなっている（表5−1）。

若者にとって最大の楽しみの食事だが、主食は米対麦が七対三で、予算は一日平均五二〇円ほどだ（主食・副食こみ）。

献立を決めるのには、給食委員会というのがあって、これに専門の栄養士も加わって栄養のバランスを考えた献立が考慮され、炊場担当の受刑者が調理している。

副食は一日一〇二〇キロカロリーと決まっているが、もちろん仕事の質によって主食の量は変わる。工場での立ち仕事が週一五時間以上になる場合（A食一六〇〇キロカロリー）と、それ以下の場合（B食一三〇〇キロカロリー）、居室内での仕事（C食一二〇〇キロカロリー）に分かれている（数値はすべて成年男子用）。

他に体格が著しく異なり、健康保持上に必要な場合（例：身長男子一八〇センチ以上、ちなみに女子は一七〇センチ以上）、医師の指示により主食が増える。

また未成年者に対しては、成長期であるということから標準栄養量が成人男子に比較してタンパク質やカルシウムが多くなっているので（予算が成人男子に比べて七〇円加算されている）、これらの栄養素を効率よく摂取できるよう、卵や乳製品（ヨーグルトやチーズ）などを毎日一品付けている。

「気づき」という教育

奈良少年刑務所の教育は、①刑執行開始時指導、②少年教育、③教科指導、④特別改善

指導、⑤一般改善指導、⑥釈放前教育からなっている。

一〇代の少年は全体の一％で一〇人に満たないが、少年院に近いきめこまやかな教育をしていた。その目的は、犯した罪や行動に自らが内省し気づくという「気づき」教育だ。この言葉は少年院である和泉学園（第7章参照）の現場でよく耳にしたが、成人の施設ではあまり聞くことはなかった。

彼らの犯した罪は生命犯六〇％、暴力犯一〇％、道交（道路交通法）犯一四％、性犯一六％に分けられる。まず一〇代で入所した少年たちは、その後三年のカリキュラムの間は毎日必ず日記を書くことが義務付けられている。それは受刑者に課せられるだけではなく、日記には毎日必ず担当の教官が返事を書いている。少年院の場合は一寮が二五人ほどに分けられ、そこには先生と呼ばれる教官は五〜六人いる。教官の人数が多いからこそ、全員の日記に毎日コメントを書けるのだと納得するものの、ずっと続けるのは大変なことだと思う。奈良少年刑務所ではそれを実践していた。「決してあきらめない教育」という言葉を、わたしは何度も現場で聞いた。

少年教育のカリキュラム一年目は、生命犯が六割もいることからも被害者について考えさせるプログラムを組み、生命尊重教育として、被害者支援団体及び産婦人科医師の講話を取り入れる。また土や花に触れると心の安定につながることから、「つばさ農園」と呼ばれる場所で、花を育てる園芸指導をする。少年院で〝使用前使用後〟のような自画像をみたことがあるが、ここでも入所時にこわばっていた顔が次第に柔和になっていくのがよくわかる。また新聞を読んで一つの記事について討議をする。これは知識を広めることと、自らが考えて答えを出すことによって責任を持つという、少年院の「集会」に似ている。

二年目が贖罪教育として、情操教育。そして二〇〇七年から専門家を招いた音楽療法という新しい学習方法を取り入れるようになっている。これによって過去に聞いた音楽を通して、自分に向き合うことができ、「気づき」が生まれる。毎年四月には全受刑者の前で発表会（演奏会）を実施し、教育効果があがっているそうだ。

三年目が個別指導（面接）、陶土指導が中心となり、ラストのまとめとして少年たちが過去を見つめ、考え、誰かに支えられ、誰かに寄り添ってもらえる場があることを面接指導で教える。いままで誰にも相手にされなかった少年受刑者も自信を取り戻し、前向きな姿勢が見られるように導いていく。

教科指導については、現在は奈良県立大和中央高等学校通信制課程を受けている。

特別改善指導においては、①薬物依存離脱指導、②性犯罪再犯防止指導、③被害者の視点を取り入れた教育、④交通安全指導、⑤就労支援指導の五つが行われている。特に性犯罪再犯防止指導に関して、東は川越少年刑務所、西は奈良少年刑務所の二ヵ所が、推進基幹施設に指定されている。これは法務省矯正局と保護局が共同で立ち上げた研究会において、諸外国の実践・研究結果から、日本版のプログラムを作成したものだ。他に指導者研究会の開催、プログラムの内容の見直し作業など基幹施設の牽引役となっている。

一般改善指導とは特別改善指導以外を総称していうが、講演、保健体育、珠算検定、簿記検定、ホームヘルパーなどがある。希望者への年六回簿記検定では毎年一級合格者があり、簿記二級でも一般の合格率は四〇%のところ、ここでは七〇%の合格率だそうだ。そして注目すべきところは、小集団教育として奈良少年刑務所オリジナルの「暴力回避教育プログラム」と「社会性涵養プログラム」が、二〇〇七年から実施されていることだ。

それは、わたしがたずねた二〇〇七年三月に、当時の教育担当法務教官に聞いた内容が実践されたものだ。その法務教官はそれまでさまざまな少年施設で教育を担当してきた。その過程で少年院や少年刑務所にやってくる少年・若者たちには、育つ段階で人間として大切にされなかったことが共通していること、また被虐待児・虐待という言葉がほとんど注目されていなかった頃から、その被害を受けた者が多いことを懸念していた。先進国となった現代日本は、一般的には食事もできて学校にも通える。しかし虐待や育児放棄などで服役する受刑者に向けて「親には免許が必要……」と語った、女子刑務所所長を歴任した福地美恵子氏の言葉を思い出さずにはいられないほど、劣悪な環境の中で生きる子どももいる。そして被虐待児が大人になって、加害者側に回るという研究データもある。

人間は生まれるところを選べない、いまさら環境や親が悪いといっても何も変わらない。ならば、この社会の中で生きているのだから、自分を変えることが必要。そのために人に支援を求めるスキル、助けを求めるスキル、どういうところに行けば支援を受けられるかを知ること、その支援をしたいと語っていた。

それは人間の尊厳にも通ずるもので、「あなたはたった一人の尊い人間なんだよ」と、孤立しないような人間関係をつくりなさいと教えることでもあった。

「暴力回避教育プログラム」は反社会性の強い受刑者の中から、DV（家庭内暴力）の経験がある者、暴力的衝動が強く傷害事件を繰り返している者、集団リンチの経験者など一〇人程度を選定して、アンガー（怒り）マネージメントによって怒りのコントロールをできるように指導する。内容としては、①暴力に至る認知のゆがみを知る、②暴力回避の方法を身につける、③円満な合意法を身につける、④認知と行動を変容する。

「社会性涵養プログラム」は、知的ハンデを持つ者（IQ六五以下で社会性が未熟な者）、引きこもりがちな者、社会適応力が不足している者を対象にして八人程度のグループで実施する。

その目的は、犯罪につながる不合理な選択を見直させるということにある。具体的に①対人関係の対処方法を学ぶ、②援助を求める手段を知る、③童話や文学に触れさせ教養を身に付けさせる、④美術を取り入れ色彩や造形を体験させ、生活を豊かにする（絵画指導など）、⑤日常的に必要な時間や金銭について計画性を持たせる（家計簿診断、計算機の使い方を学ぶ）。これは一回九〇分で六ヵ月間で全一八回、講師は童話作家、美術教師、職員の三人で構成し、感情が思うように言葉にできない者のためには、各種ワークシート、表現カードを使用する。

その開設理由としては、前述した法務教官の話にもあったように、①非社会的な受刑者の存在、②非現実的で構造のない思考、③表現力の極端な不足、④感情統制の不足、⑤支援の不足、といった問題点を小集団教育のプログラムにしたものだ。

たとえば、「対人コミュニケーションの訓練」としては、「悪い誘いを断るタイミングや方法などを相談する、説明する、謝罪する、申し出る」などをＳＳＴによって訓練している。ＳＳＴとはSocial Skills Trainingの略。「生活技能訓練」や「社会生活技能訓練」のことで「社会的スキル訓練」とも呼ばれ、精神疾患を抱える人たちの自己対処能力を高め、自立を支援するために理論的、体系的に構成された治療プログラムのことである。

上記二つの小集団教育プログラムを実施した二〇〇七年は懲罰件数のうち、暴行が〇六年の一三八件から一〇四件に減少し、就業拒否は八七件から五六件に減少した。挨拶ができるようになって、姿勢もよくなり自信がついたという声もあがっている。
一例として、最初は自分の名前すらいえなかったというA君の詩を紹介しよう。

夏の防波堤　　A

夕方　紺色に光る海の中で
大きい魚が小魚を追いかけるところを見ました
鰯《いわし》の群れが海の表面をパチパチと
音をたてて逃げていきました

次の詩は、とても態度は大きいけれど、ほとんど会話ができないという無口なB君の作である。

金色　　B

金色は
空にちりばめられた星
金色は
夜　つばさを広げ　はばたくツル
金色は
高く響く鈴の音
ぼくは金色が　一番好き

次も同じくB君の川柳。

母の日に一度はしたい肩たたき
よく笑う　母が心の救いです
面会で　妻の小言に安堵する
物言えず　うなずくだけの一五分

「ほめて伸ばす」とは法務教官の言葉だが、A君もB君も表現を知り自分の言葉を持てるようになって、人からほめられることで変わっていった。最初は短文しか読めなかった青少年受刑者たちが、感性豊かで、表現力も優れた作品をつくれるようになっていく。欠点を直すだけではなく、長所を伸ばしていく教育に重点を置いている。

そしてこうした小集団教育は、一二〇％を超える過剰収容の中で実施されているのだ。やはり奈良少年刑務所は改めて、「あきらめない教育」の奥が深いと実感した次第だ。旧監獄法から新法に変わり、刑事施設には刑務作業に加えて、教育が義務付けられた。だがもともと教育が根付いていたここでは、法が変わっても焦ることもぶれることもなく前を向いていた。

就労支援と受け皿

二〇〇九年、夏真っ盛りの奈良少年刑務所をたずねると、ゴーヤカーテン（ゴーヤの蔓《つる》）が元気に実習場の二階の窓まで伸び、職員がはしごに登って楽しそうに実を摘んでいた。これは平田利治所長が大阪刑務所時代にすでに、夏に高温になる病舎をエコで少しでも涼しくしようと考案したものだ。奈良ではグラウンドに面する一番暑いであろう実習場でまず試された。

二階まで葉が生い茂るには土の改良などが必要のようだが、それでも実習場担当者の話では三五〜三六度にも上昇する実習場内の温度が、三二度に下がったそうだ。わたしはそのゴーヤカーテンを中からも見せてもらったが、夕刻になると太陽が緑のカーテンを実習場内に照らしてステンドグラスのように美しい。ここで作業する受刑者からは「緑が気持ちいい、落ち着く」という言葉も聞かれている。

繰り返すが犯罪を減少させるためには、再犯をさせないことが必要だ。それは誰でもがわかっていることだが、出所する際に帰るところもなく、また仕事もなく、高齢である、所持金もほとんどない——こういう受刑者が実際には多いのが現実だ。その点奈良の場合は八〇％を超える受刑者の帰住先には両親の家が存在し、その他を含めて九〇％以上の受刑者にはとりあえず帰る場所がある。それは幸せなことだ。その時点で仕事がみつかれば、再犯は減る。だからこそ、奈良少年刑務所のような若年層の施設での教育の存在が大事だとわたしは思う。

前述したように成人累犯施設においては、人生の半分以上を塀の中で暮らす受刑者も多く、家族と疎遠だったり、高齢によって仕事もなく身寄りもなかったりする。まったく帰る場所や受け皿がない彷徨《さまよ》える受刑者問題は大きい。

その受け皿づくりをなんと、平田所長はすでに実施しはじめていた。

一件は他の刑務所を出所したが、その後仮釈が取り消されて入所してきた中年の受刑者。所持金が五〇〇円足らずのうえに親族も引き受けを拒否。そこで平田所長は住民票などの手続きをし、ソーシャルワーカーの協力を得て関西の施設に入所させている。

もう一件は労役（罰金を支払うかわりに刑務作業をする）で入所した七〇代の高齢者だが、帰住先がなく所持金一五〇円。こちらもソーシャルワーカーの協力を得て施設に入所させて、生活保護の申請をしたそうだ。

ここでは「ソーシャルワーカーによる社会の受け皿探し」に加えて、「理容師やホームヘルパー資格者の社会福祉法人への就職斡旋」などもすでに実践している。

少しずつでもこういう事例が増えていけば、確実に再犯者は減っていく。そもそもの起点にたつと、さまざまに所内で仕事量が増えているのは明確だが、それも時代の流れだ。

「このままではまた犯罪を重ねる可能性がある。まだこの形を行う刑務所は少ないが、このような受け皿をスタンバイしないと結局行き場がなくなってしまう。わたしも当所の職員も『決して人をあきらめない』という精神で受刑者処遇にあたっています」

ゴーヤカーテンのように明るく、鷹揚《おうよう》な平田所長の言葉だった。

七七施設ある刑務所で、受け皿もなく支援も知らない人たち年間一〇人をサポートできれば、単純計算で七七〇人の再犯者が減る。就労支援でまた一〇人をサポートできれば一五〇〇人を超える。これはあくまでも希望的観測だが、なんだかそう考えると暖かい社会が復活するような気がして、日本もまだまだ捨てたもんじゃないぞ！　とわたしには思えるのだった。奈良少年刑務所はなんだかそういう気持ちにしてくれる、少年院のような暖かな空気が流れる刑務所だった。

第6章　官民協働のハイテク刑務所（美祢社会復帰促進センター）

中央警備室

官と民

ＩＴプログラミング開発の刑務作業

配食

温室の花栽培（女子）

再犯ゼロを目指す

「おはようございます。今日も更生復帰に向けてがんばりましょう」

朝七時起床、収容棟に灯りがつくと音楽が流れ女性の爽やかなアナウンスが響き、美祢《みね》社会復帰促進センターの穏やかな一日がはじまる。従来のような朝の静寂をつんざく「テンケーン」という怒号のような刑務官の声は聞こえない。

かわってこれまで塀の中ではありえなかった民間の警備員がやってきて「右フロア、タグ確認」と中央にある多目的ホールで一声。次に、椅子に座る本人と無線タグの装着確認をし、中央警備室のコントロールによって電子錠が解かれたそれぞれの単独室を巡回していく。

そうなのだ、官民協働のハイテク刑務所では、電子タグのICチップの中に受刑者本人のデータが存在し、位置情報把握システムも埋め込まれている。民間警備会社（セコム）が警備をし、中央警備室でリアルタイムに受刑者の所在確認もしているのだ。

わたしも取材の際に電子タグを付けるように指示されたが、これを付けさえすればピンポイントで位置確認ができるのだった。

それにしても驚くのは、山深い場所にあって入り口の看板も「美祢社会復帰促進センター」となっているので、どこかの会社のシャレた研修所センターのように見える。刑務所と記されていないばかりでなく、赤外線などハイテク技術を使った多重のネット（網）フェンスが設置されているので、ここには厳《いか》つい塀もなかった。

この章でとりあげる美祢社会復帰促進センターは、民間の資金とノウハウを導入した（ＰＦＩ：Private Finance Initiative）、日本初の官民協働の刑務所として、二〇〇七年四月一日に山口県美祢市に開設された。建物は庁舎を中央にして左が男子、右が女子というシンメトリーの構造になっている。同じ施設内に、男女の収容棟があるというのは珍しい。もちろんそれぞれの入り口はまったく別であり、運動場や農場などすべて個別に設計されているので、すれ違うことはない。

職員については、国が一二三名に対して、民間は約二二〇名が勤務。非常勤も含めると男女約五二〇名が働く。一方受刑者は男女各五〇〇名の定員のところ、開設一年後の取材時（二〇〇八年四月末）で、男子二八一名、女子三一〇名が入所している。収容率はまだ約六〇％と低い（二〇〇九年八月末の数値については、217ページ表6－1参照）。だがそれは、このセンターが就労支援を含めた社会復帰教育システムに重点を置き、初犯の中でもスーパーＡ（女子はＡ）と呼ばれる受刑者に厳選しているからだ。

スーパーＡという言葉が聞かれるようになったのは、美祢社会復帰促進センターが開設される頃からだ。先述したように、受刑者を処遇分類するために、犯罪傾向が進んでいない者・初犯はA、累犯はBと区別して呼ばれている。しかしスーパーという言葉は、はじめてだ。「美祢にはスーパーAを入れるそうだ!」など他の施設で噂を耳にしたとき、これから非常に新しいことがはじまるというニュアンスでわたしには響いた。

施設の立ち上げから携わってきた手塚文哉センター長は語る。

「『地域との共生、官と民がパートナーシップを築いて、センター生(受刑者)の改善指導に努め再犯ゼロを目指す!!』。これが私たちの目標です。その成果についてはまだ開設一年(取材時)で数値として出にくいが、効果が出ていると感じています」

まず美祢では、受刑者のことをセンター生と呼ぶ。実際、更生プログラムについては、単に刑務作業に従事させるだけでなく、全員に対して職業訓練がある。その中には必須訓練(①安全衛生・品質管理・環境配慮科、②ビジネス能力修得科、③手話基礎科、④ボランティア啓発科)、指定訓練(①ITスキル養成科、②テクニカルIT科、③点字専攻科、④農園芸科)、選択訓練(①販売士検定科、②医療事務科、③ホームヘルパー二級科、④DTP［デスクトップ・パブリッシング］専攻科、⑤プログラム・システム設計科、⑥フード・コーディネーター養成科)と豊富。パソコンも必須で、操作ができないと本も借りられない。

前述したように、新法に変わってからは教育が義務付けられた。確かに職業訓練を受けて資格をとり、出所して仕事に就けたなどという嬉しい話も数多く聞こえてくる。わたしも職業訓練の大切さは十分に感じているが、実際に一般の刑務所では、全体でも年間二〇〜三〇人ほどしか職業訓練が受けられないというのが実情だ。したがって美祢センターが「再犯ゼロを目指す」と掲げて、職業訓練に力を入れることは意味のあることなのだ。

また少年院の更生教育を取り入れたような一面もあって、内省するために「書く」ことで自己を客観視させる。言葉で自分のことを語れるように日記や作文を毎日書かせているのだ。週六日が日記で、あとの一日は職員が各自の日記を集めてそれぞれにコメントを書くこともあって、その日は作文になる。全員の日記を見ることは多大な労力と情熱が必要であり、成人の刑務所ではほとんど行われていない。

全国から募ったプログラム・システム設計科一八人のうち一人は脱落したものの、半年間の職業訓練を経て、すでに受注先のＩＴプログラミング開発の刑務作業に携わっていた。その教室に足を運んでみると、作業着ではなくモスグリーンを基調にしたユニフォームを着たセンター生が熱心にパソコンに向かっていた（203ページ写真）。

出所後には民間ＩＴ企業が採用する予定という話も現実にあって、職業訓練とリンクした就労支援にも力を注いでいた。一方で、従来の刑罰の世界において義務とされる刑務作業は、平均で週に三日ほどだった。

風通しのいい職場

美祢センターでは、国の職員、民間の警備会社の職員、教育を担当する小学館集英社プロダクションの職員が同じフロアに席を並べていたが、非常に風通しのいい空気が流れていた。

最初に取材をする前、警備会社の民間職員と国の刑務官が共に仕事をしていくうえで、どういう協調関係がとれているのかには興味があった。

もちろん従来の刑務所を見慣れているわたしは、表門に立つガードマンならともかく(昔は表門に立つ刑務官は刑務所の顔とも呼ばれるエリートで、緊張感があった。いまはほとんどの刑務所が民間の警備会社と契約し、その風情はない)、まず塀の中に警備会社の職員がいることが奇異に見えた。しかし、実際にその環境の内側に入ってみると、刑務官とすれ違うときに双方が敬礼をする姿がとても自然に見えた。一番気掛かりだった、お互いが遠慮しているという空気も、感じられなかったからだ。

他の累犯刑務所の担当者からは、見てきたらぜひその様子を教えてほしいといわれていたし、奈良少年刑務所では、「一〇〇年前の奈良と一〇〇年後のハイテク刑務所をぜひ比べてほしい」と頼まれたりもした。それほど美祢センターの登場は刑罰の世界では画期的なことだった。

スーパーAの受刑者たち

「手話は心の言葉、相手の目をみて話す。そうすると優しくなる自分がいた。私は前の刑務所でホームヘルパー二級の資格をとり、ここの三ヵ月の職業訓練で手話を学んだ。もう福祉の道に進むしかない！　といまは通信講座で点字も習ってます」

まっすぐに目をみて、にこやかに話をするのは三〇代の女子受刑者だ。彼女たちのグループは手話基礎科受講の最終日に、お礼として、一青窈《ひととよう》が平和を願ってつくった「ハナミズキ」を手話で歌い、耳の不自由な講師の方々がたいへん感激されたそうだ。

また、「自分も社会に帰れば違う意味で障害者。でも障害を持ってもしっかり生きていく人を思い出してがんばりたいです」、こう感想文に書いた受刑者もいた。

罪名は詐欺で刑期が三年の男子受刑者のインタビューでは、「(移送される）前の施設では興味もなかったから職業訓練を受けていない。いまは社会で勉強できることが学べる環境にあって、手話も学んで心が豊かになって、社会でやっていく自信がついた。前はコンピュータの仕事をしていた。次に社会に出て仕事をするときは、福祉にもかかわってみたいです」と話してくれた。

職員によると、最初は手話なんかという男子受刑者もいるが、しばらくすると考え方が変わってくる者も多いという。開設一年当時の男子の平均刑期二・九年、女子は三・一年で、まだ他の刑務所から移送されてくる受刑者が多かった。

「一〇ヵ月間を過ごした前の刑務所は雑居で、あそこの覚醒剤がいいとか、バカな話ばかり。自分だって何を話そうがバレなければいいと思っていたし、毎日刑務作業していただけ。だから被害者が望んでいるような生活もしていなかった。でもここではパソコンは必須の訓練だし、先生も一人ひとりの内面を見ていてくれる気がして、『自分の罪である覚醒剤』について、自分に向き合って理解できるようになった」

三〇代後半の彼は医療事務を学び、すでにITスキル養成科の職業訓練ではパソコンのワードとエクセル二級を取得済みで、センターが敷いてくれる道に従ってがんばりたいと目を輝かせながら話をした。

男子はスーパーAと呼ばれ「犯罪傾向が進んでいないもので五年以下の懲役、日本国籍を有するもの、特別在留資格（長期間日本に住むもの）、六〇歳以下であること、心身に著しい障害がない、集団生活に適応できる、就労経験三年があるもの、帰住環境が良好であること、暴力団ではないこと」など一〇項目の条件を満たし、限りなく更生復帰に近い位置にあるとして選ばれている。もちろん模範解答のような受刑者ばかりではないだろうが、他の施設とは異なり、「学ぶ」という空気が普通にある。

何よりインタビューに応じるすべての受刑者が自分の言葉で、相手の目をみてまっすぐに話をすることに驚かされた。

あまりにも居心地の良い環境

その中で、わたしが気になっていたことを直接受刑者から聞くことができた。

「前の刑務所には暴力団関係者も多く、まわりに合わせて毎日を過ごしていた。だからこそこのセンターの良さがわかってよかったと思う。だから自分はここがはじめての受刑者に言う、『もう絶対刑務所にくるようなことをしてはいけない。次はここではなく一般の刑務所に入るし、底を知ったら抜けるのは難しい』と」

美祢センターでは開放的な環境で、民間委託のために温度管理までされた美味しい食事がとれる。作業時間も少なく職業訓練が多い。一八時から二一時までは多目的ホールで勉強ができるし、希望すればパソコンもそこで学べる。教え合うこともできる。

身につける服だってそれぞれに明るく、囚人服にはまるで見えない。ふつう成人の男子施設ではすべて閉鎖房であり、居室に入ると決して中からは扉は開かない。が、美祢センターでは女子の半開放寮よりも自由な、少年院に近い半開放となっている。基本的に共同室は釈放前教育の二週間のみで、通常はホテルのシングルルームのようなきれいな単独室で生活できる。そして起床も他施設より三〇分ほど遅く、就寝時間は一時間遅いのだ。

従来の施設に勤務する職員（刑務官）は、贅沢にも思える美祢センターの様子を見聞きすると驚き、首をかしげる人もいる。わたしもさまざまな刑務所を見聞しているがゆえに、次のような疑問と感想を抱いた。

「ここが刑務所だと思ってしまうと、初犯受刑者は居心地がいいと思うのではないか？」

出所する受刑者が増えてくれば、今度は他の刑務所には行かずに直接、美祢センターに入ってくる受刑者がほとんどということになってくる。試験的に他の施設を体験させてから美祢センターへなどというのは手間暇がかかって無理だろう。心得ちがいしないようこの辺はやはり教育で十分に補ったほうがいいとわたしは感じた。

それにしても美祢センターは、同じフロアに国の職員も民間の警備会社も、民間の教育担当者たちも席を並べて活気があるように見えた。質問すると、それぞれが自分の想いを伝えようとする熱気がある。

しかしここまで環境を整えて実のある教育をすると、当然一般社会からは税金のムダ、贅沢すぎるといわれることもあるだろう。それについて手塚センター長は答えた。

「美祢社会復帰促進センターの理念は、①官民協働として社会の人々から見える形にすること、②地域との共生・社会との共生、③再犯ゼロを目指す、最終目標が再犯ゼロ（まだ一年なので数値化できない）。近いうちに数値化できるところはしたいと思います」

「ガシャーン、ガシャーン、ガシャーン……」

二一時、静まりかえった収容棟に電子錠の音が響き、すべての居室は自動制御によってロックされた。二二時消灯。ここは紛れもなく、刑務所だった。

官民協働という新しい試みは、ニッポンの刑務所のあり方をさまざまに考える、大きなきっかけになっていることをわたしは実感した。

塀の中にも民営化の波

ハイテク設備が整い、民間の業者に委託される美味しい食事も温・冷食品は分けて温度管理されるというぐあいで、まるで大病院のように恵まれている。環境も教育も十分に整った様子は、一人当たりの受刑者にかかる費用が従来に比べて三倍はかかる？のではないかとも見える。

非常に贅沢な刑務所という言い方もされ、結果を出すことが急務だった美祢社会復帰促進センターは、二〇〇九年に入り収容率は八〇％を超えた。収容者は定員一〇〇〇名のところ八〇〇名を超えて、男女の内訳は女子が若干多い。ちなみに出所は〇八年末で一九六名、まだ再犯率は出ないが女子一〇九名はすべてが仮釈放となっている。

美祢センターについては立ち上がりの段階では年齢制限はなかったが、現在では六〇歳未満と定められたので平均年齢は一般の刑務所より低い。わたしが再訪した二〇〇九年一月末で、男子の平均は三六歳で女子は三九歳。〇八年からは、二六歳未満のYAを収容する川越少年刑務所や奈良少年刑務所からも、適格者がいれば移送させるようになったということで、男子の年齢はどんどん若くなっているそうだ。

奈良少年刑務所では二〇〇八年の春には約一二〇%だった過剰収容が、〇九年八月末には約一〇四%に減少している。それは犯罪件数が多少減ったことと、新しい刑務所ができたからだと聞いたが、なるほどと納得した。

現在美祢センターの受刑者を年齢別に区分すると、二六歳未満の男子が二三%というが、これまで奈良少年刑務所に収容されていたような若い受刑者たちも、「新入」といって直接美祢センターに入所しているのだ。

二〇〇七年からつぎつぎと開設された四つの官民協働刑務所の、〇九年八月三一日現在の収容状況を表6-1にまとめてみた。その結果、トータルで男子は約三四〇〇名が従来のA刑務所から減少。女子については刑務所の絶対数が少ないのでA、Bの収容区分はな

刑務所名	開所	収容定員	2009年8月末の収容率	
美祢社会復帰促進センター	2007年　4月	男子　500名	約81%（812名）	378名
		女子　500名		434名
播磨　〃	2007年11月	男子1000名	約78%	784名
喜連川〃	2007年10月	男子2000名	約73%	1455名
島根あさひ〃	2008年10月	男子2000名	約39%	784名
合計		男子5500名	男子	3401名
		女子　500名	女子	434名

表6-1　PFI刑務所の実態

いが、約四三〇名が既存の刑務所から減少している計算になる。

この時点での全刑務所の既決の収容率データをみると、女子は依然として約一一五%という過剰収容を示しているが、男子は約九二%と格段に減っている。

だが、以前にも記したが、刑務所は会社の寮や合宿所ではない。さまざまな人間が強制的に収容されるところであり、本来は七〇〜八〇%の収容率が好ましいとされる。そういう意味では現在の美祢センターぐらいの現況が、更生復帰に向けてゆとりを持って処遇と教育が連動できる環境にあるといえるのかもしれない。

「女子センター生を対象としたはじめての盆踊り大会が開催されました」というニュースが入ってきた。着付けや踊りは美祢地区の更生保護女性会（地域のバックアップ組織）が指導したそうで、写真を見るととても華やかで盛大だ。女子受刑者たちの喜びの顔が浮かんでくる。

もともと女子施設や少年刑務所では盆踊りが開催されてはいるのだが、この一〇年余続く過剰収容下にあって和歌山刑務所では浴衣を着せることを中止した。わたしはとても残念に思ったが、着付けるということだけでもたいへんで時間が足りないという物理的な理由もわかる。ゆとりがあれば気持ちに余裕も生まれる。

そのうえで断っておくが、新設された刑務所はすべて犯罪傾向が進んでいない初犯のA受刑者を収容する場であり、第2章などでも記したが、Bの累犯施設においてはまだまだ収容過多が続き、高齢者や障害者などさまざまに困難な問題なども抱えているのが現実である。

官民協働刑務所の背景

「ＰＦＩ刑務所をつくった背景には三つある。一つは過剰収容になって、新たな刑務所が必要になった。二つ目は行政改革によって公務員の削減がきまり、規制緩和によって民間でできることはしよう、官製市場を変えようとした。三つ目は名古屋刑務所事件があって、刑務所は民間に見える形で運営しないといけないという空気になったのです。やはり名古屋刑務所事件の影響は大きい」

こう説明してくれたのは手塚センター長だ。開所一年後からセンター長に就いた手塚さんは、二〇〇四年のＰＦＩの予算要求立ち上げの時代から、この事業にかかわってきた人物である。

名古屋刑務所事件とは、二〇〇一年から〇二年に発生した刑務官による受刑者へのリンチ・死亡事件のことだ。詳細については第8章で述べたい。

二〇〇〇年からいっきに受刑者が増大し、刑務所がパンクするような状態になることは誰も想定しなかったことだ。そうした中で名古屋事件が発覚したのだが、処遇環境が著しく悪化し、職員負担が増大したことも一因にはあるにせよ、名古屋刑務所には塀の中の古い体質が大きく残っていたようだ。

改めて考えてみると、二〇〇六年に約一〇〇年続いていた旧監獄法から新法（〇六年は既決のみ、未決を含めての全面改正は〇七年）に変わり、〇七年に日本ではじめて官民協働刑務所が開設されている（一般の刑務所においても〇三、〇四年から門衛、ドライバー、総務など、契約に基づく委託ができる範囲内で民間委託を開始）。

名古屋刑務所事件は日本の行刑史の大きな汚点だが、これがきっかけとなり、法の整備も急がれ、民間に見える形のＰＦＩ刑務所の運営がはじまった。つまり、二〇〇〇年代の日本の刑罰の世界に大きな改革をもたらしたとも言えよう。

日本のＰＦＩ刑務所とは

ＰＦＩとは、前述のように公共施設などの建設・運営などを民間の資金やノウハウを活用して行う手法のことで、美祢社会復帰促進センターでは、ＢＯＴ方式（Build Operation Transfer，ＰＦＩ事業者が施設の建設から管理運営に携わり、事業終了後は国に所有権を返す）がとられている。

事業期間は二〇年間（美祢は二〇二五年三月末まで）で、この事業のために設立した特別目的会社が業務を実施している。

では国と民間設立会社の関係はどうなっているのか、といえば、国が建設して二〇年間運営したと仮定した試算額が五六五億円。その予定価格を限度額にして入札したら、美祢の場合は四八億円ほど下がった。簡単に言えば国でやったら五六五億円かかるのだが、落札価格は五一七億円だったのである。よって民間に任せたために浮いたコストは、四八億円あったということになる。既存刑務所の一人の受刑者にかかる年間経費平均二七〇万円（人件費を含む）と比べて、贅沢にも思える美祢センターでは、その三倍はかかっているように見えるが、実際はそれほどかかっていないのだ。

さらに美祢センターのように、民間が持つノウハウを使用した高度な設備の導入によって、収容者のハイテク管理（セコム）もでき、教育に特化した会社（小学館集英社プロダクション）によって、社会復帰のための高度なプログラムが可能となったわけだ。

播磨《はりま》社会復帰促進センターと喜連川《きつれがわ》社会復帰促進センターは「運営ＰＦＩ」と呼ばれ、国が設計・建築した建物を使って、運営の一部を施行している。やはり設計の段階から絡んでいかないと、民間のノウハウやハイテク技術を十分生かすには至らないようだ。

四ヵ所のうち、もともと美祢と島根あさひ社会復帰促進センターは五〇％を民間委託するという構想だが、現在、播磨と喜連川は三〇％パーセントになっている。

そしてＢＯＴ方式をとっているので最終的には、二〇年目に建物と備品が国に無償譲渡される。その後についてはその時点の刑務所の状況、国の状況などによって再考され、新たに国で運営するのか民間に委託するのかを判断することになる。

ちなみにＰＦＩ事業の先進国といわれるアメリカやイギリスでは、刑務所全体の一〇％弱がＰＦＩ刑務所である。

美祢社会復帰促進センターは、一般的にはドイツやフランスの官民混合型の刑務所をモデルにしたといわれる。

「ドイツやフランスは契約に基づく民間委託が多い。だが、美祢はそれからもう一歩踏み込んで、国家権力の行使なのだが公権力の弱いところは民間委託に含めている」とは手塚センター長の言葉だ。

当初この事業の立ち上げには八人（法務省）ほどがかかわったそうで、何班かに分けてフランスやドイツ、オランダ、丸投げ方式のイギリスやアメリカなどの刑務所にも視察に行って、基本の形を決めたのだった。

国家権力の行使にかかわるものについては委託できない、ならばどこまで民間に委託できるのか？　逆にそれまでは一人の刑務官が、非国家権力の行使にかかわるものも両方全部やっていたので、その区分をはっきり分ける。長い議論を続けたうえで、官民協働の刑務所運営に結び付けていった。

最初の頃のニュースではほとんどが「民営刑務所」と報道されて、わたしもその存在に疑問を持ったが、「官民協働」という字面より、一般に理解しやすく伝えたかったのだろうということが推測できた。

実際は「サービスの提供主体は国にあり、刑務所管理に伴う行政責任については、国がすべて負う」ということだ。

ちなみに刑務所の誘致の条件とは、①地元住民の反対がなく、すぐに建築可能なこと、②建築する十分な広さがあること。美祢は二八万平方メートル、島根あさひ三三万平方メートル（増設が可能）、③総合病院があって三〇分で緊急搬送ができる場所。

「刑務所は優良企業、不況はない」と聞いて、なるほどとわたしは笑った。一〇〇年に一度の不況が続く時代にあって、刑務所と優良企業という言葉はミスマッチに聞こえるが、雇用創出は地元にとっては大きく、地域再生の切り札にもなるしさまざまな可能性もある。

官民協働施設として二〇〇九年現在で最新の島根あさひ社会復帰促進センター内には、法務省によるＰＦＩ事業として「島根あさひ盲導犬訓練センター」の施設を建設した。これを日本盲導犬協会に貸与し、〇八年一〇月一日より中国地方初の盲導犬訓練施設として運営が開始されている。

受刑者が盲導犬パピー（子犬）を育てる「盲導犬パピー育成プロジェクト」も始動して、盲導犬候補の子犬を地域ボランティアと協力しながら育成している。

受刑者に対する動物を介した教育プログラムは日本初の試みで、これは受刑者にとって、人の役に立つ喜びや達成する喜びを得ることで、社会貢献にもつながり社会復帰への促進が期待される。

島根あさひ社会復帰促進センターは、盲導犬育成と視覚障害者のリハビリテーションの拠点となり、視覚障害者福祉の向上と地域の活性化に貢献する施設として活動をはじめている。

官民協働のポイント

最大の懸念は、国の職員と民間の職員の連絡調整がうまくいくのか、ということだった。

わかりやすくいえば反則行為をした場合、たとえば「物品授受」のケースはどうなるか。ある受刑者が自分の本を他の収容者に渡した。それを中央監視室で民間の警備が見た。それを国の職員に電話する。本部にいる国の職員がその場へやってきて、渡されたと思われる受刑者を調査する。「お前は、誰からもらったか」と現認する。そして取り調べをするという手順となる。

そうした場合「現認して連絡する」という、ここの部分がしっかりできないと、一連の反則行為がうやむやになってしまう。

ここで改めて認識したのだが、官と民では総合警備方法がまったく異なるということだ。まず民間警備は泥棒などの外からの侵入を防ぐことが基本であり、刑務所の場合は中から外に出ないように警備することだ。共通しているところは物事を現認して報告するところだけで、他はおもしろいほどにまったく違うのだった。

だからこそ民間の警備には、規律違反の中味を知ったうえで、反則行為を伝える必要があると、理解してもらうことが重要。それがうまくいくかどうかが、官民協働のカギだった。

そこで美祢社会復帰促進センターでは、開設前の二〇〇七年三月に既存の刑務所で実地の合同訓練を開いた。

「民間も官を学ぶといってます。官も民間をみてお互い調整していく。最初の四ヵ月で民間警備の八人の離職があった。原因は勤務が厳しく、国と比較して給与が安いという理由。イギリスはそこで失敗している。これについては管区や矯正局から企業へ、『離職率が高いと教育してもムダになるから改善してほしい』と申し入れてもらった。お互いが遠慮しないように、のりしろを少なくするように心がけてます」

わたしが最初に取材に行ったのは、開所一年後のことだ、この際に両者の間の空気に違和感を感じなかったのは、やはりこういう意識の高さがあったからだろう。

民間の警備はその後人数を増やして、国と同じような勤務態勢にして解決。現在はパートの離職はあるが、これについては特別の支障はないそうだ。

地域との共生・社会との共生

美祢センターは、全国ではじめての男女合同施設であり、国の女子職員は四八人で全刑務官の三九％になる。夫婦で刑務官として勤務するものが数組、民間職員と結婚したものや、結婚予定の職員もいる。一般職員（民間）も半数が地元からの雇用で、地域の小学校の児童もその半数ほどは美祢社会復帰促進センター職員の子弟とのことだ。

刑務所は過疎地につくられる場合が多い。よってあまりにも不便なところにあって、なかなか出逢いも結婚もできないという女子刑務官の言葉も聞く。そのため結婚するとすぐにやめてしまう職員も多い。栃木刑務所では何度もそういう話を聞いたし、逆に駅から一五分ほどの便利な場所にある和歌山刑務所においては、最高の過剰収容を誇る？にもかかわらず、結婚し子どもを出産してからも、懸命に仕事を続ける刑務官も多い。実際に和歌山にいた刑務官から、「仕事を続けていくには便利な場所がいい」と聞いたことがある。

基本的に係長以上の職員は二年ほどで転勤をしていくが、一般職員は拝命した刑務所でずっと仕事を続ける場合が多いから場所は重要なのだ。

美祢センターもまわりには何もない、ウサギやサル、シカにだって出会える自然に恵まれたところだ。よって一番近い書店に行くまでにはクルマで五〇分もかかる。だが、山深い不便な場所には変わりはないのに、男女混合型であることによって出逢いも生まれ、しかも民間の職員との結婚も登場しているのはすばらしいことだ。

他施設のような、女子受刑者の平均年齢が四六歳（美祢センターの受刑者の平均は三九歳）、現場の先生と呼ばれる刑務官は二〇代半ばで、見ていて、おばさん受刑者たちに騙されるのではないだろうか？　という心配もなくなる（まあ、これはいいすぎだが）。

二〇〇九年に二度目に取材したとき、国の職員は一二三名で、民間は常勤、非常勤とパートに分けて、一日平均で平日二〇〇名前後が働いている。ちなみに民間の登録者は六五〇名いる。

地産地消にも努めていて現在美祢市からは食材の三〇％を購入。市からは一〇〇％にしてほしいとの要望もあるようだが、もともと農業より宇部セメントで有名な街である。安定供給できない食材は契約できないなどの理由で近隣の町などからも調達し、山口県全体としてみれば九五％を購入している。受刑者の生活にかかわる給食、清掃、理美容、日用品の給貸与すべてを民間事業者が行っているのだ。

課題とこれから

「手をさしのべて、向こうが手を握って来たものは引き上げてやろうと僕はそう思っています」

官民協働の刑務所に「社会復帰促進センター」という名称をつけた時点から、手塚センター長たち八名は、真の社会復帰をする施設をつくろうと思って携わってきたそうだ。

というのも既存の処遇ではすでに限界があって、それにはまず費用対効果があるところからはじめて、再犯ゼロを目指す。初犯の改善をやりやすいところからやれば再犯は減少するからだ。アメリカの統計では出所して社会へ出て、四〜六ヵ月間何も犯さなければ、その人間は再犯しないのではないかともいわれる。

また改善更生するには、本人がその気を出すという自主性がなければ、どんなにすばらしい教育や指導をしても無意味である。だからこそ、手探りではありながら美祢のような官民協働の施設をつくったわけだ。

二〇〇九年一一月三〇日までの釈放者数は五二三名で、まだ統計は出ないが、「再犯率は格段に改善されると信じ、これを楽しみにしている」という美祢社会復帰促進センターの職員たちは多い。

もちろんスーパーAと呼ばれるだけに、高学歴な収容者が多いのも美祢の特徴で、高校卒業以上は約六四%を占め、なんと約二一%が大学中退以上なのだ。受刑者の質が違うといわれる。最初に訪れたときに、わたしはここには職員にも受刑者にもエネルギーがあると感じた。職業訓練に費やす時間も他施設より格段に多く、再犯ゼロを掲げる責務もある。

逆にそういうことが国民から求められる、緊張感ある施設でもあるといえるのだ。さまざまな問題も出てくるだろうが、真価を問われるのはこれからだ。

第7章　少年院にて（和泉学園）

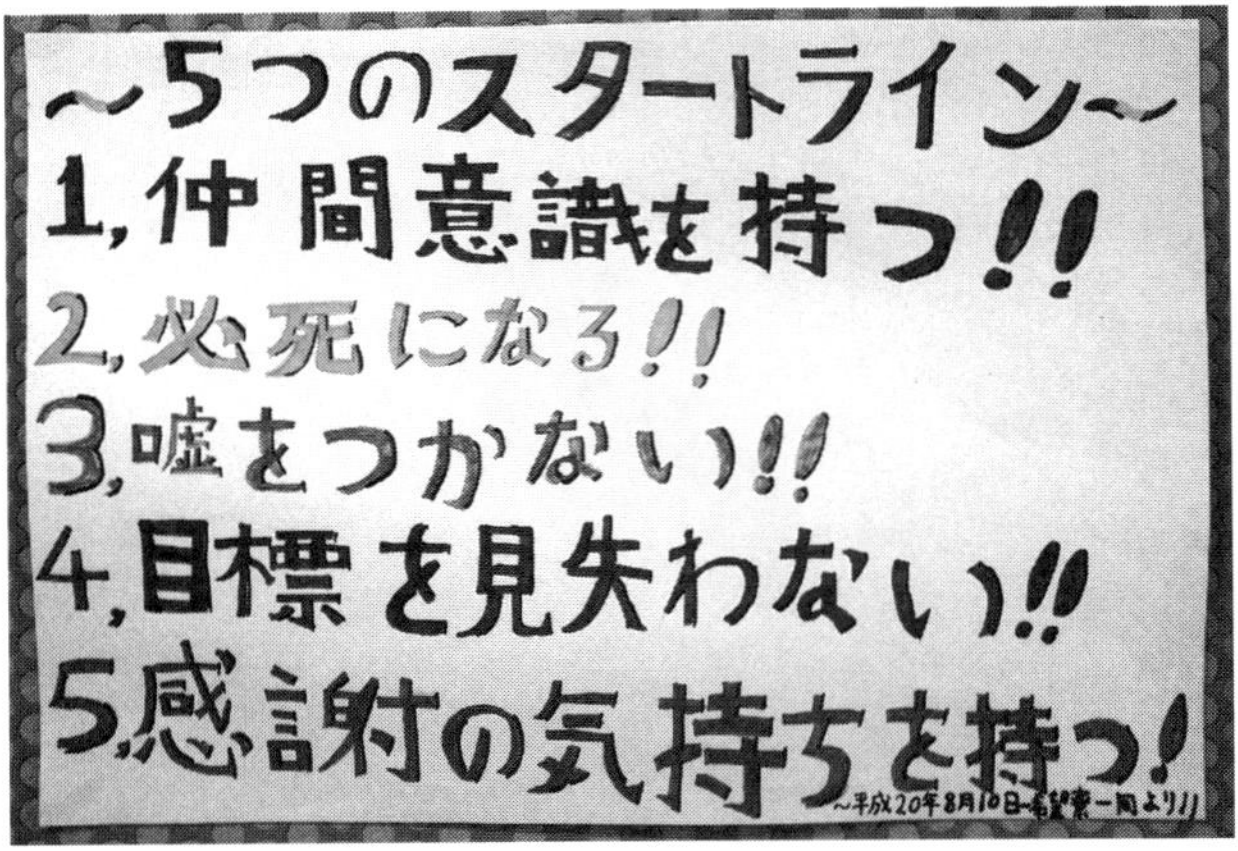
〜5つのスタートライン〜
1,仲間意識を持つ!!
2,必死になる!!
3,嘘をつかない!!
4,目標を見失わない!!
5,感謝の気持ちを持つ!
〜平成20年8月10日〜希望寮一同より!!

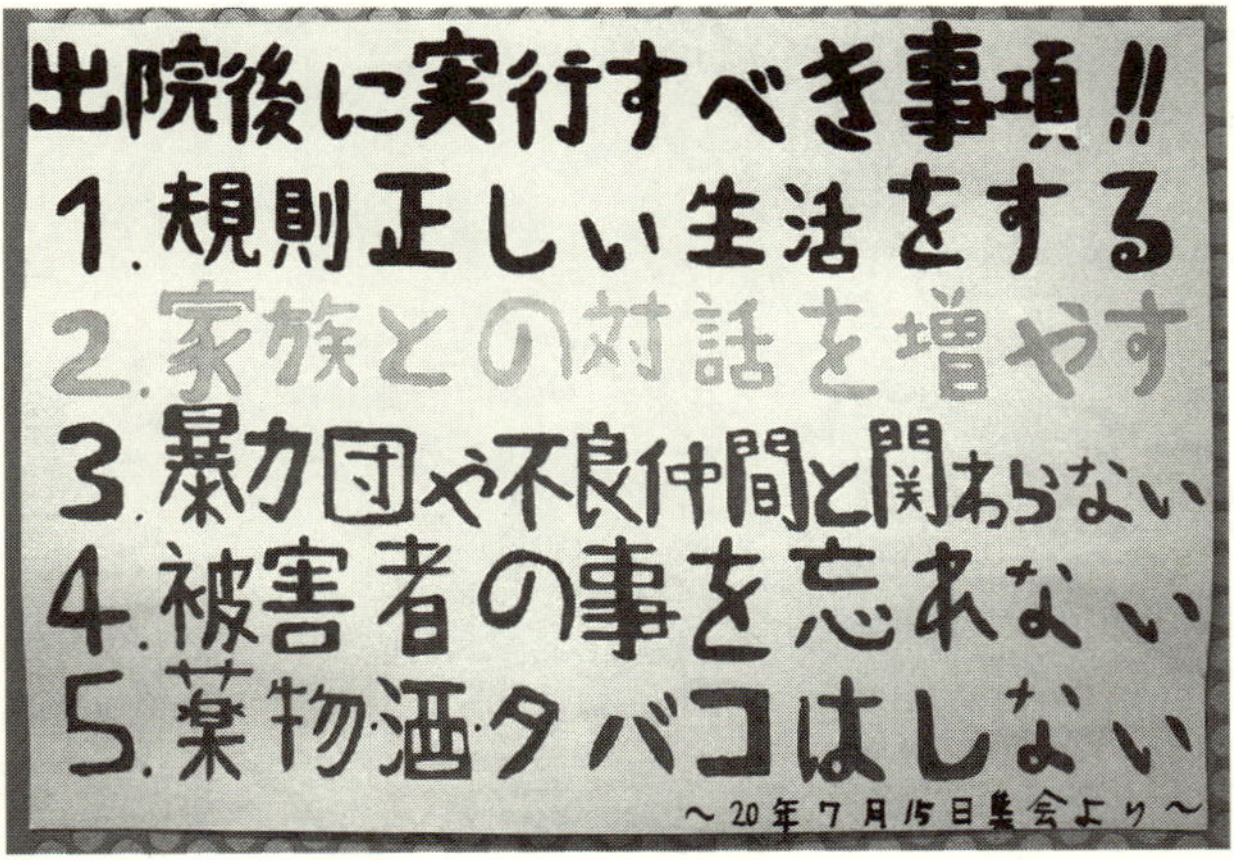
出院後に実行すべき事項!!
1.規則正しい生活をする
2.家族との対話を増やす
3.暴力団や不良仲間と関わらない
4.被害者の事を忘れない
5.薬物·酒·タバコはしない
～20年7月15日集会より～

食堂

小学生寮

少年院とシンクロナイズドスイミング

「和泉学園でシンクロナイズドスイミング!?」

少年院とシンクロ? というなんともミスマッチな響を耳にしたのは二〇〇八年のことだ。わたしは刑務所をこの二〇年どっぷりと取材してきた。だからもちろん女子少年院の愛光女子学園へも足を運んだことはあるもののずいぶん前のことで、少年院のことについては疎い。「少年刑務所と少年院とはまったく違う……」とは、教育の現場で何度も耳にしている。一度きちんと取材をすべきだと感じていた。それが実現したのは〇八年夏の終わりの和泉学園だった（『ニッポンの刑務所』というのが本書のタイトルだが、少年院は刑事施設ではなく矯正施設であるということを最初に断っておきたい）。

二〇〇八年九月、夏の終わりの明るい太陽と、眼下に淡路島や明石大橋など瀬戸内海が望める開放的なプールには真っ黒に日焼けした少年たちが集う。水泳大会がはじまる。

和泉学園は一九五七年に日本初の短期処遇の施設として開設された。以降職員たちは試行錯誤を重ねながらも、開放的な和泉の血を脈々と受け継いできたといわれる。そして二〇〇八年四月からは長期処遇も加わって、近畿二府四県の家庭裁判所で少年院送致決定を受けた初等及び中等の、おおむね一四歳から二〇歳までの少年たちを収容する大型施設となった（現在は一七歳六ヵ月までを収容）。また法律の改正によって設置された西日本の小学生寮（五室）を保持する基幹施設でもある。

プールサイドには短期処遇三寮、長期処遇五寮の少年たちが各々の寮旗を掲げて競技を観戦し、プールでは音楽に合わせてシンクロナイズドスイミングの団体演技が繰り広げられた。観客は更生保護女性会の招待客。その様子を一望できる二階から見ていると、わずか二ヵ月足らずの練習で水中での団体演技がここまでできるものなのか？　という驚きと、ここが少年院だと忘れてしまうような少年たちの懸命な姿が心地よく映った。

その夜の短期処遇「みのり寮」での、寮生二六人の反省集会のときのことだ。ここでわたしは少年院教育のすばらしさと出合ってしまった。

こんな書き方をするとなんだかPRみたいだが、別にわたしは法務省のまわしものではない。少年院の教育が一般にあまり知られていないことからもわかるように、煩雑な手続きが必要な刑務所取材に劣らず、少年院は未成年ということもあってより慎重だ。よってシンクロナイズドスイミングの水泳大会と生活の取材はOKだが、少年たちへのインタビューはNGだった。だからこそわたしには、反省集会での少年たちの声が新鮮に響いたのかもしれない。

少年院ではさまざまな集会参加と日記記帳に明け暮れて日々学び、成長していく。車座になってはじまったシンクロナイズドスイミング大会の反省集会は、週番の一六歳の少年が司会を務め、一人ひとりが順番に感想を述べていく。

「水に入って音楽が聞こえなくて、すごく焦ったけど、自分の身体に染み付いていたからできたことだと思います」

「出院して社会へ出ても、目標を持てると思います」

「自分の中で達成感が味わえたので満足感でいっぱい、賞はもらえなかったけどそれよりよかったです」

「あんなに心が一つになったことはなかったので、シンクロに取り組めて、これからの人生の中でいい思い出になると思います」

「こういう経験は社会の中で役立つ、みんなの心が一つになってできたことだと思う。みんな、ありがとう！」

じつは観客はもちろん教官の先生五人も、この寮のシンクロナイズドスイミング団体演技中に水の中で音楽が聞こえなかったとは誰も気づかなかったのだ。もちろんわたしも見ていてまったく想像もしないことだった。逆に二六名がよく観客に気づかせずに終わりまで演じきれたと驚いた。

集会とは、気持ちを言葉にして話すことによって、自らの内省を導かせる「気づき」の教育の場でもある。その中で、なかでも一番荒れていただろうと察せられるちょっと恐面の少年が涙を流しながら話をはじめた。

「ボクは小学校のときからずっと荒れてて……、中学のときチアダンスをみんなでやってるときに暴れまくった。運動会をつぶすのが楽しかった……。でも今日みんなで心が一つになってがんばれたという経験をして、いままで感じたことがない感情がわいて、仲間が大切だと思った。なんでいままで気がつかなかったかと思うと、そういう自分が悔しい……。寮生はみんな悪いことをして入ってきてる、でも協力することがすばらしいことだとわかったからこそ、みんな素直になれたと思う。人と協力することで、自分の気持ちの中で仲間を感じて、気持ちがつながった気がする。いままで自分が気づかなかったことが悔しくて、でも嬉しくて……」

感極まった彼の素直な涙が、一六歳から二〇歳までの寮生の気持ちを一つにしていく。わたしには少年が荒れていた頃が想像できるだけに、彼の想いがリアルに響いた。反省集会は通常は一時間ほどだが、教官が見守るなかで少年たちは熱く語り合い、まるでNHK教育テレビで放送されていた「真剣10代しゃべり場」のような状況が展開された。

少年院は刑事施設と異なり、各寮には五、六人の「先生」と呼ばれる法務教官（教員資格を持つ人が多い）がいて交代で二十四時間を彼らと過ごしている。

畑中壽文主任はこの寮では父親役のような教官だったが、自らが先導するのではなく、彼らの想いを汲み取って、一人ひとりが気持ちを言葉として表現できるように補助をする。

「音楽が聞こえていたら優勝できたかもしれないのに、悔しくないの？」と主任が問うと、少年たちは、「心が一つになったことは、賞よりもすばらしいこと」と目を潤ませて答えてくれた。

夕方六時半から八時までこの熱い集会は続いた。わたしは水泳大会の日の反省集会の現場を、たまたま見せてもらっただけだが、その場を離れたくないと感じるほどに少年たちの感動が心に響いた。

刑務所の取材をしていく過程で「少年院は少年刑務所とはまったく違う教育をしている、ぜひ一度行ってください。いいですよ」などと勧められていた。が、まさにこの日の青春映画のワンシーンのような光景に出合ってしまうと、人間は良い環境と、向き合ってくれる人がいれば変われるとしみじみと実感した。きっと彼らはこれから社会へ出て何か辛いことがあったときも、今日のことを思い出して乗り切れるだろうと、そういう気がしてくる。

二〇〇七年までのシンクロナイズドスイミングは選抜した一チームが演じる水泳大会の

エキシビションだったそうだが、〇八年から長期処遇が加わったこともあり、全寮での全員参加の対抗戦となった。ちなみに、基本的に短期処遇と長期処遇の寮生はまったく別の棟で生活し、教育プログラムも指導方法も異なり、普段は顔を合わせることもない。しかしそうした状況で全寮対抗という苦労はあったと思うが、人間性を高めることや教育としても非常に効果があると実感した清々しい一日だった（〇九年の大会は短期寮一、長期寮一、選抜チームが演技）。

それは閃きからはじまった

シンクロナイズドスイミングを取り入れようと思ったのは、いったい誰か？

それは寝食を忘れ休日も返上して少年たちと触れ合うという、熱血漢の諸田《もろた》芳慶《よしのり》法務教官だった。

諸田教官は、二〇〇一年に和泉学園に赴任して、新入時教育訓練の担当となった。当時、施設が建て替え工事中。体育館は一般の少年が体育で使うので、新入時教育訓練はプールサイドでやるしかなかった（現在のプールは二〇〇二年に完成）。

「そこで閃《ひらめ》いてしまったのがシンクロナイズドスイミング」

新入時教育とは、入院してきた少年が最初に受ける教育で、行進や集団での基本的な動作や姿勢などを学ぶ。

「体力的にも耐性がない子たちなので熱中症が怖い。夏場でもしもの場合はプールには水がある。ちょうど『ウォーターボーイズ』をテレビで放映していた頃で、やったらできるかなと思ってやったら、僕自身もおもしろかったんです」

少年たちは水の抵抗で思うように動けないのに、みんなで同じ動作をするときには楽しそうにやるという。ここには彼の観察眼と、閃きがあった。

もちろん固く斬新なことを好まない矯正の世界ではあったが、「普通はアカン」とまったく相手にされないだろうことが、同僚に声をかけたら高井光司、細野晃司、田中哲司の三人の教官が賛同。当時の院長に進言したら「おもしろいんじゃないか」ということで決まったそうだ。和泉には、「日本で最初に短期処遇を行った施設」として培われてきた自由な土壌があったからこそ実現できた企画だと聞いた。

二〇〇四年八月にはじめて開催し、わたしの取材した〇八年で五回目となる。

もちろん模索をしながらのシンクロナイズドスイミング。まず少年たちに「シンクロやるけど、やりたい人？」と提案をすると、まったく泳げない少年が参加したいと申し出てきた。泳げないのにどうする⁉ と諸田教官は驚いたが、これがはじめてみると、ただ泳ぎを教える場合よりすばやく覚えて、かつシンクロナイズドスイミングまでマスターしてしまうのだった。その経験もあって二回目と三回目は、まったく泳げない子を対象に開催した。

もともと少年院に入院する少年たちは、他人に対して配慮ができない子も多い。しかしシンクロの団体演技は自分以外にも目を配らないとできない世界、そこには少年たちの明らかに変わっていく姿があった。諸田教官たちは心身ともに成長していく少年たちの姿に、自分自身もよりやりがいを見出していく。そしてその効果を確信してつくったのが、泳げない子と問題性のある子を集めた二〇〇七年のチームだった。

少年一五人と五人の職員が参加しての二〇人のシンクロナイズドスイミングの演技は、これまでで最高にすばらしかったと諸田教官は嬉しそうにVTRを見せてくれた。

「そして今年（二〇〇八年）、長期・短期併設という新しいスタイルを持ったこともあって、これまでのようにアトラクション的なシンクロではなく、教育活動の一つとしてシンクロをやろうとはじめさせてもらったんです」

もちろん全員参加型という中で、怪我も事故も怖い。が、それ以上にシンクロに取り組んできた職員たちには、それまでに教育的効果をさまざまに感じてきた経験があった。だからこそ実現できたことだ。そしてわたしも、その反省集会で少年院の教育の原点を見た。

少年の「気づき」

長期処遇の寮では六月末から泳ぎを教え、八月初旬からシンクロを学ぶ。半数以上はまったく泳ぎができないうえに、その中の半分が顔もつけられない状態に教官たちは驚いたそうだ。ところが、

「泳ぐだけじゃなくて、シンクロもやるよ！ といったら急に動きが出てきた。彼らにとってはまずシンクロに出たい、そして次にいい演技がしたいと思って一生懸命がんばるようになった」

もちろん中には規律違反を起こす子もいる。だが問題を起こすと単独室へ入れられ、集団処遇から単独処遇になって、練習はできない。みんなでつくっていくものだから、ひとりがはずれるとみんなに迷惑がかかる。

やがてその少年は、そういう時期にみんなに迷惑をかけて申し訳ないと「気づき」、「人との関係がうまくいかなくて単独処遇になったけど、シンクロをやりたいからみんなに受け入れてほしいです」と頭を下げる。寮生たちもその子がいないとシンクロができないから、「一生懸命やってください」とか、「助け合いの精神でがんばってください」など、その子に声をかける。すると、「一人でも怠けてはダメ、一生懸命やります」と、明らかに

変わっていったそうだ。これが少年教育で大切な「気づき」なのだ。

「今回のシンクロの競技大会が終わって、少年の今後につなげる方向付けができたかなと思う。社会の中でみんなやることなくて、コンビニの前に集まっている子らが、スポーツや健全なものの前で一緒になって一つになって、楽しくできていることが僕は嬉しい」と諸田教官は喜ぶ。危惧していたカッコ悪いとか照れて嫌だと拒否するという子もいなかったそうだ。練習は週に五日で一回一時間。トータルでは二二〜二三時間ぐらいの中でそれぞれの寮が完成させて当日を迎えた。

楽しんで子どもたちと付き合う熱血漢の先生（教官）たちは、シンクロの期間はずっと休まず、土、日も練習したこともあったようだが、全然問題ないと答えた。

「この子らを更生させて社会に帰ってもらうという目的や想いがなかったら、やってられません。長期処遇が今年からできたが、できれば短期の子はそれだけで終わってほしいし、みんなその先の少年刑務所などに行ってほしくないと願ってます」と諸田教官は語る。

「全員参加のシンクロは成功。それはシンクロだけに焦点をあてたのではなく、職員側が指導して、子どもたちがフィードバックをしてくれたということが一番大きかった。みんなの心が一つにまとまるすばらしさを感じた子が、過去の自分の行動に『気づき』、振り返って泣く。普通はそういうふうにつながらないが、たとえそういう子が一人でも現れると、まわりも連鎖して考えてくれる。子どもたちはそこまできちっと考えて行動している、シンクロの教育は間違いじゃなかったと思います」と田上俊院長（現在は小田原少年院院長）は笑顔で語った。

今回の和泉学園のシンクロナイズドスイミングを通した教育の現場をみていると、女子少年院のユニークな教育として有名な「青葉女子学園のオペレッタ」を思い出す（青葉女子学園の創作オペレッタ指導チームは、第一九回人事院総裁賞を受賞）。

非行を重ねながらも、その一方では虐待や性的被害などの心の傷を抱える少女たち。創作オペレッタを通して、心や身体の自信を回復させるという目的を持った教育として実践している。和泉学園と同じように、全員が協力して一つのものをつくり上げることで、感動する心を呼び起す。それは少年少女たちだけではなく、職員もまた同じ想いなのだ。

こんな少年院のきめこまやかな教育が、一般社会の中に普通にあれば非行や犯罪は減る。わたしはそう思う。実際に少年刑務所や美祢社会復帰促進センターでも、教育が効果を上げているのだ。

少年院の基礎知識

ここで少年院とはどういうところか、その仕組みについて触れておきたい。

少年院とは、家庭裁判所から保護処分として送致された少年に対して、社会不適応の原因を取り除き、健全な育成を図ることを目的とした矯正教育を行う施設であり、現在全国に五二施設ある。種類については、

①初等少年院――心身に著しい故障のない、おおむね一二歳以上一六歳未満の者を収容

②中等少年院――心身に著しい故障のない、おおむね一六歳以上二〇歳未満の者を収容

③特別少年院――心身に著しい故障はないが、犯罪傾向の進んだおおむね一六歳以上二三歳未満の者を収容。ただし一六歳未満でも、少年院収容受刑者（矯正教育の観点から、刑務所でなく少年院で刑の執行を受ける者）は収容することができる

④医療少年院――心身に著しい故障のある、おおむね一二歳以上二六歳未満の者を収容

処遇については、短期処遇と長期処遇とがあり、さらに短期処遇は、一般短期処遇と特修短期処遇とに区分される。初等・中等少年院の処遇は、短期処遇又は長期処遇として実施。特別少年院及び医療少年院における処遇は、長期処遇として実施される。

①一般短期処遇——早期改善の可能性が大きい少年（約五ヵ月）
②特修短期処遇——非行の傾向は進んでおらず早期改善の可能性が大きい、開放処遇に適する少年（四ヵ月以内での仮退院を目指す）
③長期処遇——短期処遇になじまない少年（約一一ヵ月）

どの種別の少年院に送致するかは、少年の年齢や心身の状況によって家庭裁判所が決定する。補足すると、短期と長期は罪の重さばかりで計られるものではなく、少年の問題性、教育の必要性、虞犯《ぐはん》（将来犯罪を犯すおそれ）なども考慮されて決められるそうだ（和泉学園では短期の非行名は傷害二五％、窃盗二〇％。長期では窃盗が断トツだった）。

また指導方法としては、まず家庭裁判所や少年鑑別所からの資料を参考にしながら、少年一人ひとりの特性や必要性に応じた個別処遇計画を作成する。そのうえで生活指導や教科教育などを実施していくのだ。

そして少年たちの改善の段階に応じた処遇は、①新入時教育課程、②中間期教育課程、③出院準備教育課程の三期の教育課程に分別される。ここでそれぞれの時期に応じた教育プログラムや指導が行われている。

少年たちの意欲を喚起し、自発的な努力によって改善の進歩の効果を上げさせるという目的に立ち、一級、二級、三級に分け、さらに一級と二級を上・下に分けている。入院（入所）した少年は、まず二級下に編入されて、あとは本人の努力に応じて各段階に移っていく。級ごとにバッチを胸につけることになっている。少年たちの誇らしげにつけるバッチには意味があるのだ。もちろん医療少年院を除いて、男女区別された施設になっている。

またこれも法律の改正があってのことだが、和泉学園には西日本の基幹施設としての「小学生寮」ができていた。これは二〇〇七年の少年法改正に伴って、触法少年と呼ばれる少年院送致の対象年齢が「おおむね一二歳以上」となったからだ（少年法三条一項二号）。法務省の「おおむね」という定義には一歳の幅があり、一一歳、つまり小学五年生からの可能性が大きい。

明るい小学生寮は五室あって、中央に畳を敷いてコタツも置けそうなくらいスペースも確保されて、そこには小さな台所もしつらえてあった。

なお、触法少年とは、一四歳未満で刑罰の法令に触れる行為をした少年のことで、東日本の基幹施設は群馬の赤城少年院である。

集会はしゃべり場

「いまどき中学や高校ではNHKのしゃべり場のようにみんなが語れる環境はない。集会が僕はものすごく好きです。この寮を五人の職員が交代で二十四時間みている。引き継ぎも密にしているので、その場にいなくても同じように知っている。前夜の反省集会での出来事は、翌朝にはみんな知っているわけです。集会は自分の意見を言い合える場、自分の経験が役立っています。人が好き。一生法務教官をしていたい」と語るのは短期処遇の二〇代後半の高井法務教官だ。

前述したように、たまたま見学した集会で、少年たちが一生懸命に手をあげ、答え、また質問をする。その真摯《しんし》な様子は、わたしには非常に純粋に映った。

ちなみに、短期処遇と長期処遇とは基本的に異なる。ここではわたしが主に取材した短期処遇について述べたい（表7－1）。

少年院は少年刑務所とは年齢的には重なる部分もあるし、起床と就寝の時間はほぼ同じだが、日々の生活はむしろ少年刑務所より厳しい。まず一寮二五人ほどに法務教官（先生）は五、六人いる。刑務所は刑務官が担当になるが、少年院では採用枠が異なり、心理学、社会学、教育学、青少年問題の四科目が専門試験で、教員免許を持つ場合がほとんど。もともと少年の教育がやりたいと望んできた職員が多いのだ。

6：30	起床、清掃 キンコンカンと音楽が鳴って起床、起床点呼 点検、番号、日直が報告をする	
7：00	朝食・朝の集会	
9：10	朝礼・学習（実習、教科教育、各種講座、面接、体育など）	
12：00	昼食	
13：00	学習（実習、教科教育、各種講座、入浴など）	
17：00	夕食・休憩 あとは集会と日記記入がメイン	
18：00-19：15	集会（約1時間）、日記記入など 就寝前には薬を塗る、飲む	
20：00	役割活動、課題学習など	
20：45	ニュース視聴（NHK 総合）	
21：00	就寝準備、3列横隊、多目的ホールに入って就寝点呼	
21：30	部屋に入って就寝、就寝時は職員が電気を消してまわる	
	日記	日記は泊まりの職員が全員の日記をみて、それに返信する
	外巡回	半開放寮という性質から窓の外から見回る（単独開扉は絶対禁止／刑事施設と異なる）
	引継ぎ簿	5人の職員全員の共用、休んでいる職員も少年たちの日々の発言や行動など微細に確認

表7-1　和泉学園の短期処遇の日課

もちろん授業中の私語は厳禁で、すべての時間が学習の場であり、ルールやマナーを養う場所である。和泉学園ではテレビの視聴時間も、就寝前の二〇時四五分から二一時までの一五分間のNHK総合のニュース放送のみで、一般の刑務所よりずいぶん少なかった。

これについては、少年院の短期処遇は短い期間に集中して改善更生をさせ、社会へ戻していくので、教育する時間が足りないほどだという話を聞いた。

そして少年院は「集会と日記」といわれるように、点検集会、指導集会、さまざまな悩みを持つ特定の個人に焦点をあてて時間をかけて行う援助集会、就労経験を持った少年の院外点検集会など、少年たちが自主的な進行をする集会と、職員が権限を握る集会などさまざまある。

その過程で積極的に挙手をし、ハキハキと答える先輩たちをみて、自分はこんな子になりたいとモデリングして相乗効果を呼んでいく。

点検集会では「振り返り」が大事で、次が「気づき」、そして「こうじゃアカン、こうしよう」という「行動の変容」によって顔が柔和になり目つきが和らいでいく。ある寮の壁にあった絵を見せてもらうと、実際に入院した際に描いた自画像と数ヵ月後では、まったく髪の色から目つき、背景の色まで明るく変わっていた。

それまでの自分を捨てきれなくて葛藤をしてもがく時期を通過、その後に客観的に過去の自分を振り返ることができるようになっていくのだ。

少年院は仮想家族

「叱るときは叱らないとダメ」という言葉は、わたしには非常に新鮮に聞こえた。

人権が問われる時代に入って、きちんと人を叱れなくなった。意味があって叱ることと、理不尽に怒ることはまったく違うのだが、その辺の意味の履き違えが大きいとわたしは思う。犯罪についてではないが、子どもは成長の段階で、叱るべきときに叱らなければならない、叱られたことがないと、大人になってささいなことで叱られただけで落ち込んでしまう。なぜ？　と思うほどで、日本の子はとても生命力が弱いと感じることも多い。ゆえに、この当たり前の言葉が、大きな意味を持つのだ。

一つの寮にはそれぞれ五、六人の法務教官がいて、少年たちを担当していると述べたが、一人ひとりにはそれぞれの役割がある。

たとえば厳しい父親役は寮主任だとしよう。お父さんが少年をきつく叱る。ただ叱るだけではダメなので、それをあとから「おいで」といってなだめるお母さんの役割が必要となる。それが副主任。それだけでも少年たちの生活のモチベーションが上がっていく。他の教官たちは「俺だってちゃんとやっているんだ」というような兄弟の役目をする。そういう存在がいることで、少年の気持ちは鼓舞され、壊れていた気持ちが次第にまとまっていく。二十四時間交代で、そういう意識の中で一人ひとりの少年と対峙していくのが少年院なのだ。

男子少年院には、家庭に恵まれない少年たちも多い。そこで規律と道徳に基づく厳しい指導をしながらも、お母さんもいて兄弟もいるという家庭を想定しての、処遇・教育の現場づくりをしていた。

それがうまく機能し合うようになると、他人に言いたくない気持ちを抱えた少年に心の余裕ができて、かなりの部分を自己開示していくそうだ。

「そうした少年の変化をみるのが法務教官として、仕事冥利《みょうり》につきる嬉しいこと」と、いろいろな法務教官が話す。だからこそ、やりがいがある。

少年院では、ここまで少年たちの心と向き合う教育をしていたのかと、わたしは何度も驚かされた。これからの日本を生きる子どもたちにとっても、少年院だけではなく少年一般教育に非常に大切なことだと実感する。

もちろんこうした丁寧な教育は、少年院が二〇〜三〇人という少人数の寮であり、かつ一人ひとりに個別処遇をしたうえで処遇計画を実施するからこそできることだ。「再犯ゼロを目指す」美祢社会復帰促進センターでも日記を書かせるという熱心な教育をしているが、それでも職員が毎日目を通しコメントを書き添えるということなど物理的に不可能なのだ。それは五、六人という担当職員がつき、厳しく暖かい目で接する少年施設だから可能なことだ。

二十四時間体制できめこまかな引き継ぎが行われ、前夜の集会での出来事が翌朝には他の職員に伝わっている。チームワークもすばらしい。やはりこれは普通の社会にとっても羨ましいほど貴重なことだ。こういう教育ならわたしでも受けてみたいと思ったほどだ。いろいろと教育の原点を考えさせられた和泉学園の取材だった。

少年院の目的

短期は個別処遇をして、すぐに中学や高校・社会へ戻す短期決戦。五ヵ月の期間における時間の量と質が大事。短期のほうがハードで自由時間がないが、目的ははっきりしているのでその理由はわかる。

前述したが、長期は事件性や非行だけで判断するわけではない。本人の過去の問題点も含めての、環境問題や受け皿が、浅いのか深いのか、教育の早期回復につながることがあるのかなどが判断される。主犯、従犯などの違いはあるにしても、そんなに大差はないそうだ。大きな違いは問題行動歴で、校内暴力や家庭内暴力の率が高く、年齢が低いにもかかわらず攻撃性が大きいと、発達障害の問題が潜んでいることもある。

水泳大会をよくみると、長期の子は華奢《きゃしゃ》で小柄な子が多かったが、これは、その子が育った環境の問題もあって、偏った食事や、ネグレクトなどによって栄養のバランスも悪かったりすることも多いことに起因する。自己イメージが弱く自尊感情も低い。これは少年が生育過程で心身ともに十全に成育していないことを意味する。

「少年の場合は体力をつけて『ボディーイメージを変える』と、自己イメージがよくなってこれが自信につながっていく。体育も勉強も苦手でも、体格が変わったら子どもの自信があふれてくる。心はなかなか見えないけど、身体は見えやすいんです」と、宇治少年院（二〇〇八年閉鎖）から異動してきた松井俊史統括専門官が教えてくれた。

「短期の子は社会に出てすぐに仕事に就くほうがいいだろう、長期の子は身体をしっかりつくって、自信をつけたほうがいいだろう」という処遇の違いはあっても、これからを生きる子どもたちだ、和泉学園で学び成長する彼らのがんばりが大きな力となる。

和泉学園の、全国ではじめて短期処遇を行ってきた熱いプログラムと、新しく培っていく長期処遇のプログラムのこれからに、わたしは期待したい。

第8章　名古屋刑務所事件と新法

事件と法改正の経緯

約一〇〇年続いた監獄法（一九〇八年施行）が、新法「刑事収容施設及び被収容者等の処遇に関する法律」として全面改正された大きな契機になったのは「名古屋刑務所事件」だ。

「名古屋刑務所事件」とは、二〇〇一年一二月に保護房内で、刑務官数人が消防用ホースで受刑者（四三歳）の肛門に放水し、直腸などに裂傷を負わせ死亡させたことにはじまり、翌年五月には革手錠で腹部を締め上げられた受刑者（四九歳）が腹部圧迫で死亡、さらに九月には他の受刑者が革手錠で同じように負傷し、その受刑者を外部の病院に移送したことから発覚、この三つの事件で現職刑務官八人が特別公務員暴行陵虐罪で起訴された事件のことである。

この事件で閉ざされた塀の中の闇が、大きくクローズアップされた。当時は刑務所の過剰収容が、誰も想像もしなかったほどいっきに拡大した最中のことでもある。

監獄法は、施行時には被収容者に対する衛生や医療など、房内生活に関する人道的取扱いや受刑者に対する教育的配慮もなされ、世界的にも進歩した法律と称された。

しかし時代は変わる。次第に監獄法は、受刑者に対する矯正処遇による社会復帰の促進と、被収容者の権利と義務の関係の明確化という現代行刑の理念にそぐわないものとなっていく。そのため一九八二年から数度にわたって、監獄法を改正する刑事施設法案が国会に提出されたが、代用監獄制度（後述）に対する意見の対立などもあって成立しなかった経緯がある。

そうした状況で改正を後押ししたのが、受刑者の不適切な処遇が露呈した卑劣な名古屋刑務所事件というわけだ。立件後はセンセーショナルに報道された。

その後法務省は速やかに民間有識者からなる行刑改革会議を立ち上げて、二〇〇三年一二月には「行刑改革会議提言」がまとめられる。そしてこの提言において、監獄法を速やかに全面改正することが求められた。

行刑改革会議提言を受けて、まず代用監獄制度に対する意見対立を回避したうえで、監獄法の改正作業を進めるために、受刑者の処遇について全面的に改める「刑事施設及び受刑者の処遇等に関する法律」案を国会に提出。同法は二〇〇五年五月一八日に成立し、翌〇六年五月二四日に施行された。

続いて新法による受刑者の処遇と、監獄法の規定のままである未決拘禁者等の処遇との間に不合理な法律的格差が生じる部分について改正にとりかかる。法務省は未決拘禁者等の処遇に関する法改正を関係各所と調整しながら進め、「刑事施設及び受刑者の処遇等に関する法律の一部を改正する法律」案を国会に提出、同法は成立する。
法律の名称は「刑事収容施設及び被収容者等の処遇に関する法律」に改めて、二〇〇七年六月一日に施行、ここにおいて約一〇〇年ぶりに監獄法の全面改正が実現したのだ。

事件の背景

ところで、わたしが過剰収容がはじまった二〇〇〇年頃から、改めてさまざま刑務所を取材していることは、いままで述べてきた通りだ。この頃は男女・少年施設も含め膨れ上がる受刑者の増大に、前例もない状況の中で、どの施設も必死に対応していた。刑務所は、入所してくる受刑者を拒むことができない。当然のように、職員のストレスは受刑者の数に比例して増加していく。特に現場を処遇する刑務官は日々をやり過ごすのに必死という状況もみている。

よって、名古屋事件の受刑者へのリンチにも似た行為は、ストレスによる捌《は》け口《ぐち》ではないだろうか？　とも一瞬思ったが、しかし卑劣すぎる。どの世界にもさまざまな人間はいるが、八人もの現職刑務官が同時に逮捕されるなど常軌を逸していた。

ならばその理由は何か？　新法の施行は、現場にさまざまな変化を呼び起した（詳細は後述）。しかし、母体がしっかりしているところは、受刑者の義務として刑務作業の他に教育も義務付けられるようになっても動揺もせず、方向を見失うこともなかった。これまで述べてきた府中刑務所や、奈良少年刑務所などについては、もともと教育熱心な施設としての背景があったわけで、それをより良く継続していけばよかった。わたしがいう母体とは、刑務所でいえば規律ともいえる。これはもともとその施設が培ってきた土壌と、そして何より上に立ち管理する幹部職員の時代に合った心ある統率力に支えられている。そのバランスが崩れた末路が、わたしは名古屋刑務所事件であるような気がする。

こんな話を、当時の担当官からわたしは聞いた。

名古屋事件が露見してまもなく、二〇〇二年一二月には名古屋刑務所の風紀・規律を正すために、新たな所長と処遇職員が派遣された。乱れた空気は即座に伝わってくる。「東京からスパイが来た」と一声。この頃の名古屋刑務所の職員にとっては、本省から来る人間は偵察に来るスパイとして疑う、旧態依然の古い体質がずっと染み付いていたようだ。

それを分析していくとこういうことになる。

……日本の矯正の中心は東京・霞が関の本省。本来なら本省が目を配るべきだが、行き届いていなかった。つまり人間といい設備といい、あまり管理されていなかったのが実情だ。

もともと幹部職員（キャリア）の優秀？といわれる人材は東京、次は大阪へ勤務。郷里が希望の人間はその地へ派遣となる。名古屋に勤務する幹部たちは自分の施設であるのに、明確に施設管理にタッチしてこなかった。幹部職員は二、三年ほどで異動していくのが通常だが、その間動かないし何もしない幹部もいて、「上に聞いたってムダ」と、そういう体質が所内には延々と続いていた。現場の一般職員の大半は拝命から退官までを、同じ施設で勤務することがほとんどだ。幹部がダメだから、自分たちがやってきたのに……という具合だ。

もっとも昔は、「力で受刑者を押さえつける東の横浜刑、西の名刑《めいけい》」と呼ばれた時代もあったそうだ。そうすることで、規律の安定を保っていたわけだ。それも時代や環境の流れだろう。とはいえわたしは何度も横浜刑務所を取材し、二〇〇一年の取材では過剰収容真っただ中の厳戒態勢の運動会も見ているが、そんな雰囲気を感じたことはない。幹部職員も非常に熱心だった。

「名古屋刑務所事件とは、本来なら部下を守っていくべき幹部職員が乱れきって、処遇の力が後退していた結果だ」とはある幹部職員。

名古屋刑務所は、変革する時代になっても、時代の波に乗りそこねた体質が温存され、またそれを指摘し、それを正そうと意識改革に乗り出す幹部職員がいなかったのではないか？「上がダメだと士気が上がらない」とは、さまざまな現場の職員から漏れる言葉だが、これが閉ざされたタテ社会の実情であり、その問題は大きい。人権意識の高まる、難しい時代にあって、よりいっそうそう思う。

「重大事件になってしまったが、名古屋事件に限らず、刑務所で受刑している大多数の受刑者は、社会復帰に向けて改善更生のための教育・訓練に励んでいる者がほとんどです。しかし、一部の受刑者の中には、施設の秩序を乱そうとする問題受刑者や、精神や身体、人格に問題を有するなどして処遇が困難な受刑者がいる。第一線で勤務する職員は、施設の規律秩序を維持して、なんとか問題ある受刑者であっても、一般の受刑者と同じ受刑生活ができるようにしたい。その過程において発生したものと思われます。この事件以降において、是非は別として、人が人を処遇する場所において、事務的に対応することが多くなり、組織として一番大切な全体の執行力（職員の和）を維持し、高めることが相当難しくなっていることを感じます」

この幹部職員の言葉は、刑務所の現況と問題点を大きく物語っている。

なお、二〇一〇年二月末現在、放水事件に関与した刑務官二人は、一審に続いて二審でも有罪で上告中。革手錠事件に関与した刑務官四人も、一審、二審とも有罪で上告。なお、革手錠事件にかかわった元看守一人は一審で無罪。両事件に関与した元副看守長は有罪が確定している。

監獄法と新法の違い

やはり法律はわかりにくい。わかりやすくいえば、監獄法には以下のような問題点があった。

①被収容者の権利と義務の関係、職員の権限が不透明
②受刑者処遇の原則やその内容・方法が不十分
③カタカナ表記（明治の法律はカタカナ表記が多く文語体）
④代用監獄（警察署の留置場を拘置所のように使用すること）

なお、受刑者以外の被収容者とは、未決囚や死刑確定者のことであり、本来なら拘置所に収容される。しかし拘置所の不足を補うためなどの理由で、代替手段として留置場が使用されてきた。これが代用監獄と呼ばれ、長らく問題視されてきた。

そもそも行刑運営については、受刑者の社会からの隔離や被収容者のプライバシー保護

等の観点から密行主義がとられてきた。しかしこれが閉鎖的で外部の目が届きにくいなどさまざまな問題があり、そこに発覚したのが名古屋刑務所事件だったわけだ。これからの充実した行刑運営は、より広く国民に理解され支えられることが重要として、（新）法の整備を急いだ。よって問題視されてきた代用監獄を含めての被収容者については少し遅れ、受刑者処遇法の翌年に、「刑事収容施設及び被収容者等の処遇に関する法律」として全面的に改正されたのである。

次ページの表8－1が、監獄法から新法への主な変更点なのだが、やはりわかりにくい言葉も多いので、制限の緩和と、外部交通（手紙や面会）の保護・拡充など、一般的に大きく変わったことを明記したい。

まず新法による受刑者の社会復帰に向けた処遇とは、個々の資質及び環境に応じて、改善更生の意欲の喚起及び社会生活に適応する能力の育成を図ることを旨として行うものである。この受刑者処遇の原則を達成するために、受刑者には①作業②改善指導③教科指導の三つの柱で構成される矯正処遇が行われる。監獄法では刑務作業のみだったが、教育が義務付けられたことはこれまでにも述べた（改善指導、教科指導については34ページ以下で詳述）。

主な変更項目	内　容
行刑運営の透明性の確保	刑事施設に民間人からなる「刑事施設視察委員会」を設置（視察・被収容者との面接の権限を明記）
被収容者の権利義務・職員の権限の明確化	宗教上の行為、書籍や新聞などの閲覧の権利保障と制限要件の明確化など 規律秩序のための措置（身体検査、手錠等の使用、隔離・保護室収容）の要件の明確化 懲罰の要件の明確化と科罰手続きの整備（事前告知・弁解の機会の付与など）
受刑者の社会復帰に向けた処遇の充実	刑務作業のほか、改善指導・教科指導を規定（監獄法では作業のみ） 処遇の個別化、処遇要領に基づく計画的処遇、専門知識の活用 制限の緩和、優遇措置の導入 外部通勤作業、外出・外泊の制度の導入
被収容者の生活水準の保護	衣類・食事などの給貸与、自弁物品の使用の範囲・要件を明確化 適切な保健衛生上・医療の措置
外部交通の保護・拡充	面会・書信（手紙）の発受を一定の範囲で保護（制限要件を明確化） 電話の許容（優良受刑者のみ、第３章参照）
不服申立制度の整備（監獄法では請願の一種である情願のみ）	刑事施設の長による一定の措置について、審査申請の制度を創設 職員の暴行などについて、事実の申告の制度を創設 刑事施設の職員による処遇全般について、苦情の申出の制度を創設
その他	名古屋刑務所事件後より、革手錠は廃止。（日本の刑務所は丸腰だ、それで通っているのは日本のいいところでもあるが……代わりに警備上の武器は増えた） 催涙スプレー、刺叉（さすまた）、着色弾、ペーパー弾など。

法務省矯正局資料より抜粋

表８-１　新法の主な変更項目

制限の緩和

受刑者に自発性や自律性を身に付けさせるために、改善更生の意欲や社会生活に適応する能力の程度に応じて、刑事施設の規律及び秩序を維持するための生活及び行動に対する制限を順次緩和していく制度。受刑者は第一種から第四種までの制限区分に指定され、制限区分に応じて設備や処遇方法が緩和される（113ページ参照）。

外部交通の保護・拡充

受刑者について比較的短期間の受刑態度を評価して、第一類から第五類までの優遇区分（83ページ参照）に指定。それに応じて外部交通の回数を増加させたり、自弁（施設の貸与ではなく、購入や差し入れ）使用できる物品の範囲を広げるなどの措置を講じる制度である（表8―2、8―3）。優遇措置はまじめに受刑生活を送っている受刑者に、より良い待遇を与え、受刑者の改善更生の意欲を喚起することを目的とする。刑の執行日から半年が経過したところで処遇の職員が判断するが、それまでは五類。半年に一回評価をする。

面会については、以前は親族のみだったが、新法後はそれに加えて友人や身元引受人もOKとなった。興味深い話だが、改正後に、面会制限がなくなったぞ！　という噂が流れて、横浜や府中など暴力団関係者が多く入所している刑務所には、彼らが大挙して押し寄せてきて一年間ほどその対処でたいへんだったそうだ。

表8−2のように手紙の発信回数も最低で月四回に増え、親族宛のみから友人や知人、身元引受人、雇い主にも拡大。発信も受信もすべて検閲をするのだが、またこの事務作業が膨大に増えた。

電話の発信については、制限区分第二種以上である。詳細は第3章を参照されたい。B施設の横浜刑務所では対象者が一四名いるが、刑期が平均二年二ヵ月と短いこともあってか希望は少ないとのことだ。

他章でもとりあげてきたように、物品不正授受の温床になっているのが、六〇リットルの私物保管箱の登場だ。新法施行前は、棚の本箱やタンスなど二〇リットルと決められていたし、本も制限区分に応じて私本と官本（各刑務所の図書館から貸与）の冊数が決められていた。

制限の緩和によって、分量ばかりではなく、種類にまで制限がなくなった。新聞ならまだしも、「性犯罪再犯防止指導」や「暴力団離脱指導」という特別改善指導中の受刑者が、幼児ヌード本やエロ本、ヤクザ本が自由に買えるのはどう考えてもおかしい。これでは本末転倒であり、改善更生にはならない。

横浜刑務所では二〇〇九年一〇月から、月一回五時間をかけ、事務方の人間も総動員して、容量オーバーや、不正な物品の私物検査をし、制限をかけはじめている。六〇リットルの私物保管箱は自己管理であり、持てる者と持たざる者の力関係が生まれている。その解決にはならないが、抑えにはなるという試行だ。新法は人権擁護の声の高まりもあって、受刑者の社会復帰に向けた処遇の充実を目的としており、これはもちろん望ましいことだ。しかしこの部分では、明らかに受刑者に間違った権利を与えてしまっているのは確

外部交通／書信（手紙）の発信回数			
新法前（監獄法）		新法後	
		五類	1ヵ月4通以上
四級	1ヵ月1通	四類	1ヵ月5通以上
三級	1ヵ月2通	三類	1ヵ月5通以上
二級	週1通	二類	1ヵ月7通以上
一級	随時	一類	1ヵ月10通以上

表8-2　通信の優遇措置の変化

面会の回数（1ヵ月当たり）	
五類	2回以上
四類	3回以上
三類	3回以上
二類	5回以上
一類	7回以上

表8-3　面会の優遇措置

かである。

外部通勤作業・外出及び外泊

外部通勤作業・外出及び外泊の制度は、受刑者の改善更生や円滑な社会復帰を促進するために設けられた。開放的施設（交通刑務所など）で処遇を受けている受刑者や、仮釈放を認める決定がされている受刑者などに対して、その後の円滑な社会復帰のために必要があると認める場合には、刑事施設の職員の同行なしに刑事施設外の事業所に通勤させる。事業所の業務に従事させたり、又は職業訓練を受けさせるなど、刑事施設の外に外出や外泊することを許可したりする制度である。

二〇〇九年九月末日現在、八ヵ所の民間事業所へ四二名が就業しており、その内訳については職員が付き添いをする構外作業は三〇名、職員の付き添いがない外部通勤作業実施は一二名となっている。なお、実施施設については、黒羽刑務所、市原刑務所、加古川刑務所、尾道刑務支所、松山刑務所、大分刑務所の六施設。職種については、観葉植物育成、金属部品組立、粉石鹸袋詰、牛舎の清掃作業、雑誌の袋詰作業、造船関係、ウェスの梱包作業などだ。

刑務所における自由と規律

新法は五年で見直しといわれるが、前述してきたように、「刑事収容施設及び被収容者等の処遇に関する法律」のすべてを手放しで喜ぶ現場担当者（刑務官）はほとんどいない。「どこか楽になったことがあった？」という、現場からの声が多いのが事実だ。

たとえ社会にあってはさまざまな意味での地位の格差や不合理な差別があったにせよ、監獄法においては、唯一塀の中では同じ受刑者として所有できる物品は平等だった（優遇措置によって変化）。暴力団関係者だって同じ。だが、新法の制限の緩和によって各人に六〇リットルの私物保管箱（従来分を含むと八〇リットル）が与えられ、その中へ納まる分量であればかなり自由に私物が所有できることになってしまった。これが最大の問題であろう。

監獄法ではどの受刑者が何を持っていたかもすべて把握できていたのだが、新法の導入によって私物の所在が不明確となった。よって物品不正授受が行われても、そのすべてが把握できない状況に陥っている。

そのうえで「塀の中の不平等」は、受刑者にとって明らかな貧富の差を生み出し、刑務所も金次第のような風潮さえある。これは第2章でも述べたが、「お金のない人はかわいそうです。この法律は刑務所のことを何も知らない人がつくったんですね」と問いかけてきた受刑者の言葉に象徴される。

ある女子刑務官曰く、「刑務作業をするまじめな昼の顔（善）と不正授受をする夜の顔（悪）の二つを使い分けるようになっています」。誰だって手に入ればいろいろなものがほしい、これは人間の本能だ。しかしこれは、新法が生み出した大きな欠陥である。どうして新法をつくる際にこんな基本的なことが判断できなかったのかと、わたしも先の受刑者の言葉に同意する。

刑務官にとっても、受刑者の所有物を把握できないということは、そのプライドや権限も失墜することになる。また物品不正授受の増大によって懲罰も増え、より刑務所の仕事も煩雑になる。加えていえば受刑者が購入する私物も増幅し、また差し入れも同様で、その事務処理だけでも複雑化し負担が増えるという悪循環がはじまっているのだ。

そのうえに、書信（手紙）のやりとりも親族から、友人や知人にも拡充され、友人を騙《かた》って刑務所内で出所後の密談をする輩《やから》も出てきているという話も聞いた。膨大な手紙はすべて検閲はするが、暗号などが含まれたすべての手紙を解読するのは、専門家でもないとできるわけはない（人が足りない）。「監獄法は優れた法律だった……」とはある男子刑務官から漏れた言葉だ。

これらは新法の大きな間違いであり改正すべきところだとわたしは確信するが、一度門戸（自由）を広げてしまった状況を再び元に戻すことは並大抵のことではない、これも事実である。

もちろん短所ばかりではない。行刑運営上の透明性の確保については、「刑事施設視察委員会」が設置された。これは法務大臣が任命する一〇人以内の委員が、刑事施設の視察や被収容者との面接などによって運営状況を的確に把握し、施設の長に対して意見を述べるものとされる。運営の透明性の確保、運営の改善向上、刑事施設と地域社会の連携などが図られるものと期待されているそうだ。

加えて、監獄法では刑罰の内容でもある（刑務）作業が中心であり、矯正教育を受ける法的な義務はなかった。しかし新法では、作業だけではなく、教育（改善指導＋教科指導）を受けることが受刑者に義務付けられたのだ。もちろん受刑者の更生復帰に向けた教育、職業訓練の拡大（一部を除いてまだまだ少ない、増やす必要がある）によって、手に職をつけることは大きな社会復帰の力となる、受刑者たちにとっても喜ばしいことであり、わたしも大賛成だ。

「権利と義務」については、「受刑者と刑務官」それぞれの見方によっても、さまざまな見解がある。だが、刑に服している受刑者にはもちろん人権があり当然義務もある。新法の制限の緩和は、受刑者にとって望ましく嬉しいことであることも理解できる。しかし、それは施設運営において「規律の安定」があってのことだ。ルールは破るためにあるというのでは、成り立っていかない、というのがわたしの見解である。

新法では「受刑者の処遇は、その者の資質及び環境に応じ」(第三〇条)と明言している。A指標とB指標では、これまで述べてきたように状況がまったく違う。二〇一〇年男子施設の収容率は一〇〇%を下回ったものの、長期受刑者は増えている。

やはり処遇をしにくいところにこそ職員を増やす必要があり、それができないのであればそれにかわる設備を与えるべきである。「人と金」が必要なのだ。

二〇一〇年一月に横浜を訪れたときにも、最低限でも処遇職員を三〇人、教育の職員を一〇人増やしてほしい、との言葉があった。

いい処遇をするためにこその「人と金」なのである。

第９章　刑務官として生きる

刑務官の生きがいとは

刑務官が必須携行の手帳には次の一八個の「保安の原則」が書かれている。

1 視線内戒護の原則
2 適正戒護位置の原則
3 人員掌握の原則
4 施錠確認の原則
5 捕縄把持の原則
6 単独開扉禁止の原則
7 交談取締りの原則
8 無断離席取締りの原則
9 動作規制の原則
10 部外者との接触取締りの原則
11 動静視察、心情把握徹底の原則
12 捜検励行の原則

13　物品・設備等の点検励行の原則
14　火気点検励行の原則
15　原因確認の原則
16　報告励行の原則
17　引継ぎ励行の原則
18　厳正な勤務態度保持の原則

　個々の刑務官はこの原則に従い日々の任務を遂行しているのだが、そんな彼らにとり、仕事のやりがい、生きがいとは何だろうか。

「刑務官は、一生をかけて受刑者を愛そうとする、信じようとする。またそうしないと成り立たない世界（仕事）である」とは、処遇スペシャリストの横浜刑務所・中田学司次席矯正処遇官が大切にする、上司から説かれた言葉だ。

　日本の刑事施設には一万八八一一名の職員（国家公務員／二〇〇九年度末の定員）がいる。そして、その二割ほどが全国の刑務所や機関での異動を繰り返しながら職務を遂行し昇進していく。

　それぞれの施設には総務（庶務、用度、会計）があり、処遇、医療、教育、分類（受刑者を分類して処遇収容など）の部で構成され、配置換えがあるのは一般の会社と同じだ。そういう中で拝命してから一貫して、受刑者と一番近い距離で接する処遇の仕事に就いている幹部職員は稀である。

中田次席はその中でも特に、殺人や凶悪事件の受刑者が収容される執行刑期八年以上の長期施設（二〇一〇年より一〇年以上となる）や、犯罪を繰り返し処遇が難しいとされる累犯施設での現場勤務を重ねてきた。だからこそ、名古屋刑務所事件やその後の宮城刑務所内での刑務官による不祥事などが起きるたびに、風紀や規律を正すべくまっさきにその現場に派遣され立て直しを図ってきた。

「問題を起こした刑務所は元気がなくなって、職員がかわいそう……」と漏らすが、実際の現場を知るからこそ響く言葉だ。

少年やA施設、女子施設とは違って、男子の長期や累犯施設には灰色の重苦しい空気と独特の緊張感が漂う。実際に行ってみなければわからないことだが、入った瞬間に感じられる。それは刑務所という特殊な空間に収容される受刑者たちの、それまでの人生に渦巻く混濁した臭いのせいかもしれない。

受刑者にとっても明るい未来を想像しがたく、処遇の刑務官にとっても手放しにポジティブな明るさが見出しにくいともいえる。

ならば刑務官としての職務のどこにやりがいを見出すのか、どこに生きがいを見出していくのか……。道に迷う後輩や部下たちのお手本となり、道筋をつけてやるのが上司なのだ。

「成人してからの人生の半分以上を刑務所で暮らす累犯受刑者たちの平均入所回数は五回以上、だからこそ一〇〇人に一人、一〇〇〇人に一人でも更生し、社会復帰してくれれば自分は嬉しい。それが刑務官の生きがいであり、またそう思っていないとやっていけない……」(中田氏)。非常に奥深い言葉だが、これが実情である。

刑務官と受刑者のいま

再びこの章で横浜刑務所が登場するのは、何度も取材を重ねているということと、もう一つにはわたしが投げかけた巨大組織での(答えにくい)難解な問いに、つねに真摯な本音が返ってくると感じるからだ。これはどんな取材でも同じである。知りたいことがあっても、それに明確に答えてくれる人がいなければ、そこで終わる。

また第2章で紹介した処遇スペシャリストの室井首席は「一〇〇年に一度の不況で一七五名分の刑務作業が減った。仕事がないのは受刑者の規律に響く。暇だとよくないことを考え、管理上も問題が発生する。仕事を提供してくれる企業を必死で探してます。そのうえで国全体としての刑務所の職員は数値的には増えているが、それは新設された大型施設に回っただけで、その他の現場は追いつかない状況が続いている。職員に普通に休みを与えてやりたい」と明確に語る。

巨大組織にあっては、個々ではさまざまな疑問や問題を感じてはいても、それを公言できる人は少ない。だからこそ外部の人間であるわたしが現場を執拗に取材し、雑誌に発表してきたともいえる。

そこで、本書をまとめるにあたって、改めてわたしの疑問点を、寡黙な中田次席と大らかな室井首席に二〇〇九年三月に質問させていただいた。

① 職員について

とにかく人が足りない。新法で刑務作業の他に改善指導にも取り組むようになったが、教育などのスタッフが揃っていない。現在は外から来てもらっている状態。

病院移送する受刑者があとを絶たない、一人入院すると交代要員も含めて六人の職員が必要、三人が入院すると一八人が必要。ならば八王子医療刑務所へ移送すればいいという話にもなるが、そこがスムーズに簡単にいかないのが組織。そういう専門の施設をつくる必要がある。

工場担当の職員も一人で七〇〜八〇人の受刑者をみるような状態で激務。ある工場は一人で一〇〇名を超える。

常に緊張を強いられる職員の勤務時間は、（日勤の場合）通常七時半から一七時だが、朝六時には出て工場で仕事をしている担当もいる。昼間は工場で受刑者をみているので、他の事務処理仕事ができない。よってそれ以外の朝と夕方、必然的に時間外労働になっているのが現状。週休二日もとれず、年休も消化できていない状況なので、普通に休みを与えてやりたい。

また、生《は》え抜きの古参職員（異動・転勤がない現場の一般職員）は、団塊世代が大量退職して深刻な状況。退職者の再任（再採用）は六三歳までなので、若い職員を育ててもらう必要があり、それは急務。

② 受刑者のいま

最近の受刑者の傾向を一言でいうと「陰湿」、受刑者同士のケンカ事犯や職員に対する陰湿な事犯が多い。問題が起こると他人に転嫁し、「ごめんなさい」「すいません」が出てこないし、いえない。いいかえれば「親が教えないから、子どもが掃除しないような感じ」。そういう受刑者が多い。

担当職員が「オヤジ」と親しみを持って呼ばれていた「昔」とは、時代が変わってきた。厳しい職員が嫌われ、工場で使用する物品を隠す、作業製品にいたずらをするなど、逆恨みする受刑者がいる。以前は受刑者にも「やっていいこと、悪いこと」という一線があったが、いまはそれがなく自分勝手になった。職員には事故を起こしてほしくない。

刑務所を出ても行き場のない受刑者も増えている。

高齢者と精神疾患者が生産工場で働いているが、高齢受刑者で養護的処遇を受けている者の刑務作業は六時間。したがって作業報奨金も安い。車椅子やおしめを必要とする受刑者もいる。

現状では、社会へ出ても健康保険に入っていないから病院へも行けない。お金も受け皿もない。常習累犯窃盗であれば、たった一缶のビールを万引きする（微罪）だけでも一年半がつく（過去一〇年内に三回以上窃盗の罪で六ヵ月以上の懲役刑を受けている者が、さらに盗みをすると常習累犯窃盗となり刑が重くなる）。社会全体で受刑者を受け入れるシステムづくりが必須、現在は塀の中にも外にもほとんどない。

また、受刑者の半数以上が暴力団及びその関係者であり、人をみて、性質をみて、分類し、そのうえで暴力団関係者と一般とは施設を分けて収容すべきである。

A　暴力団関係者（別の施設に分けて収容すべき）

同じ施設で収容している間に「うちの組へ入れ」などとスカウトする組員が現れ（人狩）、「悪風感染」し巻き込まれる受刑者がいる。

B　高齢者

C　精神疾患者

薬物のフラッシュバックなど、夜間に奇声を発したりすることも多い（夜勤に六回も非常ベルが鳴ることもある）。そうした受刑者には専門的な処遇が必要である。

D　一般

日本ではムショ帰りに世間の風は冷たいという面がある。しかし社会復帰できそうな人を分類し、職業訓練をして社会へ戻す、これは過剰収容の打開策の一つにもなる。しかしそれには個別に分類する専門的なスタッフが必要であり、すべてに人手が足りない。

③　新法についての感想

横浜の私物保管箱（六〇リットル、従来分を含めると八〇リットル）はキャスター付スーツケースだが、それだけでも場所をとる。制限の緩和によって私物が増え物品不正授受が多発、新法前の倍近くに増大している。

物品不正授受の件数は、二〇〇六年の一一二件から〇七年には二一八件に急増。これはあくまでも発覚した数であり、現在はどの受刑者が何を持っているのかを把握できない状況。

刑務作業だけではなく、教育（教科教育や改善指導）も義務付けられ、職員負担がより増え厳しくなった。また私物、外部交通（手紙など）の制限の緩和も職員の負担増につながっている。新法の目的の一つには職員負担を減らすことも含まれていたはずだが、逆に事務処理も含めて明らかに増えている。

受刑者も新法を学習していることもあって、不服申し立てが多くなった（もともと欧米人には多かった）。それに対して職員自身が萎縮しないためには、職員にも学習が必要である。法はすでに施行されたわけなので、職員には新法に負けないように力をつけてほしい。そして古い体質の職員は認識を改めて仕事をしてほしい。

最後に室井首席はこう語った。

「過剰収容で収容率一三〇％近くなっても暴動が起きない、刑務官が丸腰でも襲われない。これは日本人のいいところであり、まだそれは失われてはいないと思う。受刑者との馴れ合いはダメだが、規律があるなかでも人と人とのつながりは必要だと思う」

女子刑務官の結婚

さて、何度か述べてきたことだが、女子刑務官と男子刑務官は性差だけでなく職場環境も異なる。まず、女子刑務所の女子刑務官が一般社会のように結婚退職すると、処遇の現場は成り立っていかない。女性が男社会のサポートをすれば成り立つという世界ではないからだ。ここは限りなく女の職場である。

受刑者の平均年齢が四〇代半ばにあって、先生と呼ばれる刑務官の平均年齢は三〇そこそこと若い（たとえば二〇〇九年の栃木刑務所は受刑者平均年齢四五・九歳に対し、刑務官は三一・七歳）。刑務所は辺鄙《へんぴ》な場所にあり、また仕事のハードさや結婚という問題もあって、数年でやめてしまうのが悩みだと聞かされた。かつてわたしは二〇代の若い刑務官たちが「先生」と呼ばれることで、海千山千のしたたかなおばさん受刑者たちに騙されるのではないか？　と懸念を持った。それを払拭してくれて、わたしに最初に明るい兆しを見せてくれたのが明子さん（仮名）だった。

刑務所の取材をはじめたばかりの一九八九年に、岩国刑務所（女子）で取材した新人刑務官の明子さんが、和歌山刑務所へ転勤し、主任となってはつらつと働く姿に再会したのは二〇〇三年のことだ。

この年は、「過剰収容」で受刑者が年々膨れ上がる最中、和歌山刑務所でも急激に増える受刑者の対応に追われていた。しかし天真爛漫な明子さんは連日一〇時間以上も働きながら、迷いつつも刑務官として生きる術《すべ》を見出し、後輩を誘っては、結婚相談所からはじまって明るくネットお見合いを繰り返す。一〇〇人以上と見合いして、ついにピッタリの伴侶にめぐり合い、その年の六月に挙式した。

「身長一七〇センチ以上で、仕事の邪魔をしない人、官舎に一緒に住んでくれる人」（もちろん明子さんは面食い、最初は顔も条件に含まれていたが、その後撤回）。この条件をみごとクリアした夫君は寿退社、なんと明子さんの元へ〝嫁いで〟来てくれたのだった。

刑務所とは辺鄙な場所にあり出逢いも少ない、そして二十四時間三百六十五日、人が人を管理する特殊な場所。そうした場所にあって「刑務官とは？」と模索を続けながらも前向きに生きる明子さんの姿は、わたしの目にはとてもパワフルにして爽やか、「こんな人がいてよかった」とまぶしく見えた。

その後は賀状のやりとりが続いた。娘に続いて二〇〇八年には息子を出産。そんな明子さんは少年施設へ異動したものの、一軒家も購入済みで、以前と変わらずに大らかに仕事する刑務官（キャリアウーマン）だ。家で仕事をしている〝主夫〟とも呼べる穏やかな夫は、もちろん家事はうまいし、子どもたちへの気配りも細やかだ。

いいじゃん！　とわたしは思うのだ。性差関係なしで得意なほうが仕事をして、家事をすればいい。家事が苦手なわたしはつくづくナットク。

そんな日本ではまだ珍しいスタイルを明るくやってのける明子さんは、高校時代に『長い午後—女子刑務所の日々』という女子刑務所を題材にした本に影響を受けた。女だからとお茶汲みだけの仕事はしたくないと考えていたこともある。

「思い余って犯罪を犯した受刑者の、更生に役立つ、人のためになる仕事をしてみたい」と刑務官の道を選んだのだ。明子さんが刑務官を志した頃は、たとえばお姑さんにいじめられていじめられて、思い余って殺してしまうような悲しい受刑者が多かった。いまのように自分の快楽のために犯罪を犯す受刑者というのは少なかったという。

ある意味、女子刑務官の鑑《かがみ》だ。

二〇〇九年末現在、男子の収容率は全体で見れば一〇〇％を切ったが、女子刑務所の平均は一一四％を超えているし、日本一のなかでも収容率を誇る？　和歌山刑務所では依然一二四％を超える過剰収容が続いている。だが、そんな状況下にあっても和歌山刑務所には、子を産み育てながらたくましく働くママ刑務官たちが増えている。これは喜ばしいことだ（もちろん前述したように、和歌山は駅から一五分の街中にあって、子育てにも、また女性が好きなショッピングにも便利という理由は大きい）。

明子さんの開放的な明るさは、もちろん後輩に道筋を示すべく大きく役立っているとわたしには思えるのだった。

おわりに

本書の執筆にとりかかって三年が過ぎた。

取材をはじめてすでに二〇年、わたしにしか書けない！　と意気込み、いざ書きはじめたらプッツリ書けなくなった。巨大なテーマを前に入り口のところで、うろうろと迷い、夢で「わたしが本当に書いてもいいのか？」と自問自答し、暗闇の迷路の中で彷徨《さまよ》う自分の姿を何度も見た。

一条の光が射し、氷が解けるように心がほどけてきたのは、「はじめに」を綴ったときだ。「ニッポンの刑務所」は手強く煩雑にして、塀の中と日本社会、受刑者と刑務官（職員）、人権と義務、それぞれが奥深く表裏一体であり、さまざまな見方と意見が交錯する世界だ。

クラクラするような膨大な資料を目の前にしながら、取材をしてきた事実を重ね合わせ、データをまとめ対峙しながら書いていく。その内容が濃ければ濃いほど、一度とりかかると今度は抜けられなくなって、わが身と格闘する。そして中断すると、またその世界へ入るまでに長い時間がかかる。逃げようとするわけではないのだが、手強いだけに一度離れると、もう一人のわたしは佇《たたず》む。

悩んだときにはもう一度取材へ出向き、担当官や受刑者のいまを見聞し、やはりわたしは現場からの声を聞いて本をつくりたいと心新たにした。

そんな繰り返しで、ようやくできた作品です。

「現場を執拗に見る」ということからはじまるわたしの表現方法はディープであり、だからこそ、この二〇年、さまざまな施設で取材にお付き合いくださった担当の方々、そして写真を快く撮らせてくださった受刑者の方々にお礼を申し上げます。正直しつこいと自分でも思うことがあっても、起床点検から就寝まで、費やされる日常の機微にさまざまなことが見え、だからこそ引くことはできなかった。洞察することでわたしは学習することができ、次のステップに進むことができた。

いままでの取材を本としてまとめることができたのは、『文藝春秋』『週刊文春』『AERA』『週刊朝日』『アサヒグラフ』『婦人公論』『フライデー』『週刊ポスト』で掲載させていただいたおかげでもあります。

また、巨大な組織のタテ社会において、自らの言葉で語ってくれた方々、とりわけ府中刑務所の谷澤正次教育専門官、横浜刑務所の室井正則首席矯正処遇官、中田学司次席、奈良少年刑務所の平田利治所長、秋保光輝統括矯正処遇官（元和泉学園）、美祢社会復帰促進センターの手塚文哉センター長、福地美恵子元所長（和歌山、栃木、福島刑務所歴任）、法務省矯正局成人矯正課の高橋真次郎補佐官に改めてお礼を申し上げます。

さまざまなみなさんにご協力いただき、時が重なって刊行にこぎつけた『ニッポンの刑務所』。本書出版にあたって原稿を辛抱強く待ってくださり、すっかり刑務所通になられた講談社の田中浩史氏に感謝いたします。

二〇一〇年三月吉日

外山ひとみ

講談社現代新書　2042

ニッポンの刑《けい》務《む》所《しょ》

二〇一〇年三月二〇日第一刷発行

著者　外《と》山《やま》ひとみ　

発行者　鈴木　哲
発行所　株式会社講談社
東京都文京区音羽二丁目一二―二一　郵便番号一一二―八〇〇一
電話　出版部　〇三―五三九五―三五二一
販売部　〇三―五三九五―五八一七
業務部　〇三―五三九五―三六一五
装幀者　中島英樹
印刷所　凸版印刷株式会社
製本所　株式会社大進堂
定価はカバーに表示してあります　Printed in Japan

N.D.C. 326　293p　18cm
ISBN978-4-06-288042-8

「講談社現代新書」の刊行にあたって

教養は万人が身をもって養い創造すべきものであって、一部の専門家の占有物として、ただ一方的に人々の手もとに配布され伝達されうるものではありません。

しかし、不幸にしてわが国の現状では、教養の重要な養いとなるべき書物は、ほとんど講壇からの天下りや単なる解説に終始し、知識技術を真剣に希求する青少年・学生・一般民衆の根本的な疑問や興味は、けっして十分に答えられ、解きほぐされ、手引きされることがありません。万人の内奥から発した真正の教養への芽ばえが、こうして放置され、むなしく滅びさる運命にゆだねられているのです。

このことは、中・高校だけで教育をおわる人々の成長をはばんでいるだけでなく、大学に進んだり、インテリと目されたりする人々の精神力の健康さえもむしばみ、わが国の文化の実質をまことに脆弱なものにしています。単なる博識以上の根強い思索力・判断力、および確かな技術にささえられた教養を必要とする日本の将来にとって、これは真剣に憂慮されなければならない事態であるといわなければなりません。

わたしたちの「講談社現代新書」は、この事態の克服を意図して計画されたものです。これによってわたしたちは、講壇からの天下りでもなく、単なる解説書でもない、もっぱら万人の魂に生ずる初発的かつ根本的な問題をとらえ、掘り起こし、手引きし、しかも最新の知識への展望を万人に確立させる書物を、新しく世の中に送り出したいと念願しています。

わたしたちは、創業以来民衆を対象とする啓蒙の仕事に専心してきた講談社にとって、これこそもっともふさわしい課題であり、伝統ある出版社としての義務でもあると考えているのです。

一九六四年四月　野間省一